L. LE SAINT

LA GUERRE

ENTRE

LA FRANCE ET LA PRUSSE

1870-1871

LIBRAIRIE DE J. LEFORT, ÉDITEUR

A LILLE
rue Charles de Muyssart, 24

A PARIS
rue des Saint-Pères, 30

LA GUERRE

ENTRE

LA FRANCE ET LA PRUSSE

In-8o. 2ᵉ série.

OUVRAGES DU MÊME AUTEUR

LE CHATEAU D'EHRENSTEIN, traduction anglaise. Chez M. Père, à Beauvais.
UNE DETTE D'HONNEUR, traduction anglaise. Ib.
SOUVENIRS DE DEUX MARINS. Chez M. Lefort, à Lille.
GUERRE DU MEXIQUE. Ib.
LA TOUR D'AUVERGNE. Chez M. Barbou, à Limoges.
RÉCITS MILITAIRES (Crimée et Italie). Ib.
LES VEILLÉES BRETONNES. Ib.
EXPÉDITION DE SYRIE. Ib.
LES MARTYRS DE CORÉE. Ib.
L'ISTHME DE SUEZ. Chez M. Hachette, à Paris.
HISTOIRE DE BRETAGNE. Chez M. Ardant, à Limoges.
LES FASTES DE L'ALGÉRIE. Ib.
HISTOIRE DE FRANCE JUSQU'A NOS JOURS. Ib.
VOCABULAIRE DE LA LANGUE FRANÇAISE. Ib.
NOUVELLE GRAMMAIRE FRANÇAISE. Ib.
PETITE HISTOIRE DE FRANCE. Ib.
HISTOIRE DE LA MARINE FRANÇAISE. Ib.

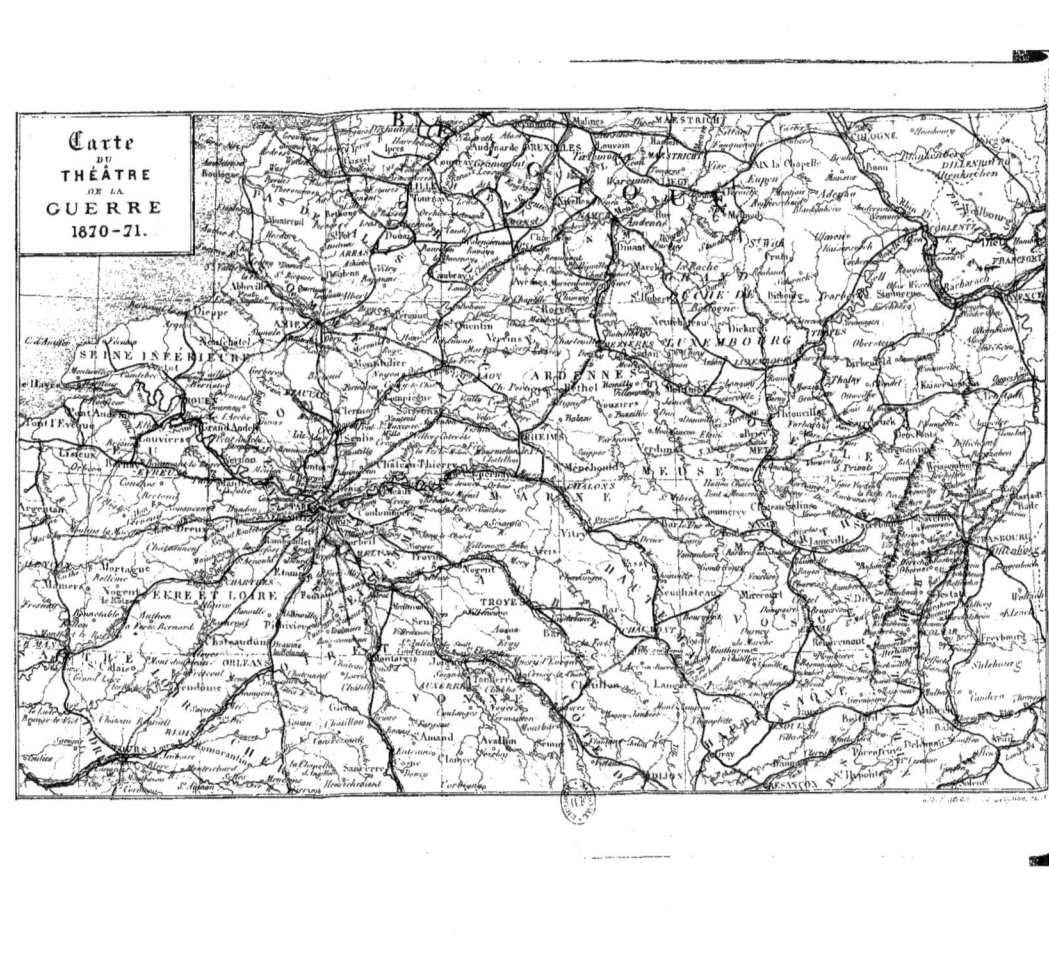

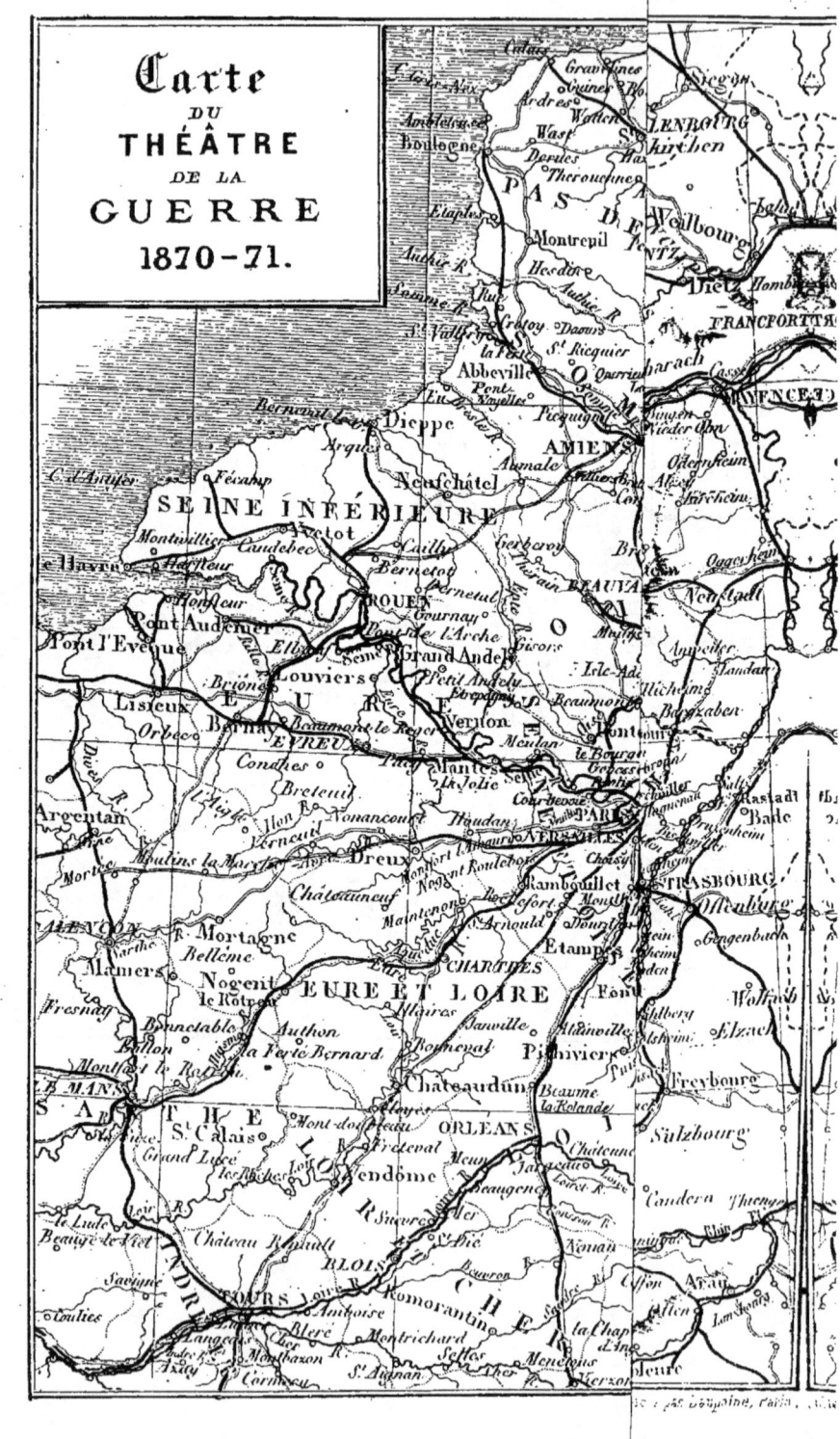

LA GUERRE

ENTRE

LA FRANCE ET LA PRUSSE

1870-1871

PAR L. LE SAINT

OFFICIER D'ACADÉMIE

SECONDE ÉDITION, COMPLÈTEMENT REVUE, ET AUGMENTÉE

LIBRAIRIE DE J. LEFORT

IMPRIMEUR ÉDITEUR

LILLE	PARIS
rue Charles de Muyssart, 24	rue des Saints-Pères, 30

Propriété et droit de traduction réservés.

A

M. Germain Hervé

CHEVALIER DE LA LÉGION D'HONNEUR

hommage de l'auteur

ET

témoignage de sa vive reconnaissance.

LA GUERRE

ENTRE

LA FRANCE ET LA PRUSSE

CHAPITRE I

Envahissement de la Prusse. — Déclaration de guerre. — Préparatifs militaires. — L'Impératrice à Cherbourg. — Départ de l'Empereur et du Prince impérial pour Metz. — Proclamation de l'Empereur à l'armée.

Il y a quelques années à peine, la Prusse était encore ce que le congrès de Vienne l'avait faite en 1815. Reléguée par Napoléon derrière l'Elbe, elle était revenue sur la Moselle et la Meuse. Mais, ainsi que l'observe M. Victor Duruy, elle restait un Etat mal fait, sans marine, car l'Angleterrre l'avait tenue soigneusement écartée de la mer du Nord, en faisant revivre l'indépendance de Hambourg et de Brême; ayant pour elle sans doute son rôle glorieux dans la guerre de la délivrance du sol germanique, ses universités, les sympathies de l'Allemagne protestante et l'affection intéressée des petits Etats, mais ayant aussi contre elle, ce qui est toujours un danger, la géographie. Les traités de 1815, en lui donnant le grand duché de Posen, la Poméranie suédoise, la Westphalie et la Prusse rhénane, où elle n'avait, en 1789, que des domaines épars, n'avaient pas corrigé le vice de cette conformation singulière, qui mettait 300 lieues de distance entre sa frontière de l'est du côté de la Russie et sa frontière de l'ouest du côté de la France, qui, de plus, la coupait en deux par l'interposition du Hanovre, du Brunswick et de la Hesse entre ses provinces de *Prusse rhénane* et de *Westphalie* d'une part, et de l'autre, le groupe principal de ses domaines, lequel se décomposait encore en quatre provinces allemandes, Saxe, Brandebourg, Silésie, Poméranie, et deux provinces étrangères à la confédération, le Posen et la Prusse. Enfin, ses frontières, si distantes dans un sens, si rapprochées dans l'autre, n'étaient couvertes par aucun obstacle naturel, et elle avait toujours à craindre qu'un coup terrible, tel que celui qu'elle reçut à Iéna, ne vînt rompre la chaîne qui liait ses possessions.

Tout cela en 1870 était bien changé. A la suite de la bataille de Sadowa, gagnée sur l'Autriche en 1866, la Prusse était parvenue à s'annexer le royaume de Hanovre, l'électorat de Hesse, le duché de Nassau et la ville de Francfort. Et ce n'était pas assez pour elle d'avoir réduit les princes de la Confédération du Nord de l'Allemagne au rôle de préfets couronnés, et détruit précédemment l'équilibre scandinave par la conquête du Schleswig et du

Holstein ; elle voulait encore placer un prince prussien à Madrid ; et, alors même que le bon sens public protestait en Europe contre une si étrange prétention, le roi Guillaume déclarait que si la candidature Hohenzollern venait à se reproduire, il ne consulterait que les circonstances. L'agrandissement disproportionné d'une maison royale qui tendait à dominer directement ou indirectement de la Baltique au détroit de Gibraltar, et du Rhin aux Bouches du Danube, était un sujet d'inquiétudes pour la plupart des puissances de l'Europe : la France particulièrement avait le droit de s'en préoccuper. La guerre était donc au fond des choses depuis 1866 ; l'orage éclata à propos de l'affaire Hohenzollern.

Le 4 juillet 1870, un télégramme de Madrid apprit qu'une députation, envoyée en Prusse par le maréchal Prim, avait offert la couronne d'Espagne à un prince de la famille du roi Guillaume et que ce prince l'avait acceptée. La nouvelle ne tarda pas à se confirmer ; et, le 6, notre ministre des affaires étrangères, M. de Gramont, fit au Corps législatif la déclaration suivante :

« Il est vrai que le général Prim a offert au prince de Hohenzollern la couronne d'Espagne et que celui-ci l'a acceptée ; mais le peuple espagnol ne s'est pas prononcé, et nous ne connaissons pas les détails d'une négociation qui nous a été cachée. Nous avons toujours été sympathiques à l'Espagne. Nous n'avons jamais pris parti pour aucun prétendant ; nous avons gardé la neutralité. Nous persistons dans notre conduite ; mais notre respect pour les droits d'un peuple voisin ne peut pas faire que nous laissions une puissance étrangère essayer de relever le trône de Charles-Quint, détruire à notre détriment l'équilibre actuel des forces de l'Europe, et mettre en péril les intérêts et l'honneur de la France. Cette éventualité ne se réalisera pas. Nous comptons sur la sagesse du peuple allemand. S'il en était autrement, forts de votre appui et de celui de la nation, nous saurions remplir notre devoir sans hésitation et sans faiblesse. »

Cette déclaration fut accueillie par d'unanimes applaudissements. Les événements marchèrent avec une rapidité extrême : le 15, une communication simultanée fut faite au Sénat et à la Chambre des députés, et elle se terminait par l'annonce d'une déclaration de guerre à la Prusse. M. Benedetti, notre ambassadeur à Berlin, avait reçu du roi Guillaume un affront : un aide de camp lui avait notifié que son souverain ne le recevrait plus, et pour donner à ce refus un caractère non équivoque, le gouvernement prussien en avait informé officiellement les cabinets de l'Europe.

Le Corps législatif tint une séance de nuit. Il vota, à l'unanimité moins dix voix, une loi accordant un crédit de 50 millions pour le ministère de la guerre, et, à l'unanimité moins une voix, une autre loi portant un crédit de 16 millions pour le ministère de la marine. La Chambre vota, en outre, l'appel de la garde nationale mobile à l'activité, et la réduction au temps de guerre de l'engagement volontaire autorisé par la loi de 1832. Les députés se séparèrent ensuite aux cris de *Vive l'Empereur ! vive la France !*

Les préparatifs militaires furent aussitôt poussés avec la plus grande vigueur. Les réserves furent appelées ; l'Empereur nomma les généraux qui devaient commander les diverses armées, à la tête desquelles il voulut se placer ; la marine déploya, pour l'équipement des navires destinés à agir dans la Baltique, une activité fébrile. A Paris, dans un grand nombre de villes importantes, avaient lieu des manifestations qui semblaient témoigner de l'esprit belliqueux du pays. Des groupes parcouraient les rues en chantant la *Marseillaise* et en criant : A Berlin ! à Berlin ! comme si la campagne qui allait s'ouvrir ne devait être qu'une promenade militaire de Paris à la capitale de la Prusse. On s'enrôlait partout dans les rangs des volontaires ; partout se formaient des associations en vue de secourir les blessés et de venir en aide aux familles qui perdaient leur soutien. Jamais, depuis 1792, on n'avait vu un enthousiasme semblable.

Dans ces graves circonstances, l'institut des Frères des Ecoles chrétiennes donna des preuves d'un patriotisme auquel la France entière devait rendre pleinement justice. Pendant que les prêtres s'offraient de toutes parts pour accompagner nos troupes sur les champs de bataille, et que les évêques offraient au gouvernement leurs établissements diocésains pour être convertis en ambulances, le supérieur général de leur ordre, le vénérable frère Philippe, adressait au ministre de la guerre la lettre suivante :

« Monsieur le ministre,

» Malgré les travaux de l'année scolaire, opérés sous les excessives chaleurs qui ont eu lieu pendant l'été, nos Frères veulent profiter du temps des vacances pour payer à la patrie un nouveau tribut de dévouement.

» En conséquence, monsieur le ministre, je viens mettre à votre disposition tous les établissements libres que nous possédons, tels que : Poissy, Saint-Omer, Thionville, Dijon, Beauvais, Dreux, Lille, Reims, Lyon,

Chambéry, Le Puy, Béziers, Toulouse, Marseille, Avignon, Rodez, Nantes, Quimper, Tours, Orléans, Moulins, Clermont, notre maison-mère, rue Oudinot, à Paris, etc., etc., et, en ce qui nous concerne, les maisons des écoles communales que nous dirigeons dans toute l'étendue de l'empire, pour être transformés en ambulances.

» Tous les Frères qui dirigent ces établissements libres et publics, s'offrent pour prodiguer leurs soins aux malades et aux blessés qui leur seront confiés.

» Les soldats aiment nos Frères, et nos Frères les aiment; un grand nombre d'entre eux ayant été élevés dans nos écoles, seront heureux de recevoir des soins inspirés par le zèle et le dévouement de leurs anciens maîtres.

» Les membres de mon conseil, nos Frères instituteurs et moi-même, oubliant nos fatigues et les nombreuses années que nous avons consacrées à l'éducation de la classe ouvrière, nous nous ferons un devoir de surveiller ce service et d'encourager nos Frères dans cet acte de charité et de dévouement.

» C'est dans ces dispositions que j'ai l'honneur d'être, etc.... »

Cette lettre fut bientôt reproduite par la presse, et tout le monde y applaudit.

L'Empereur reçut successivement, au palais de Saint-Cloud et au palais des Tuileries, le Sénat et le Corps législatif. Répondant à M. Schneider, président de la Chambre des députés, il prononça ces paroles :

« Messieurs, j'éprouve une grande satisfaction, à la veille de mon départ pour l'armée, de pouvoir vous remercier du concours patriotique que vous avez donné à mon gouvernement. Une guerre est légitime lorsqu'elle se fait avec l'assentiment du pays et l'approbation de ses représentants.

» Vous avez bien raison de rappeler les paroles de Montesquieu : « Le véritable auteur de la guerre n'est pas celui qui la déclare, mais celui qui la rend nécessaire. »

» Nous avons fait tout ce qui dépendait de nous pour l'éviter, et je puis dire que c'est la nation qui, dans son irrésistible élan, a dicté nos résolutions.

» Je vous confie, en partant, l'Impératrice, qui vous appellera autour d'elle, si les circonstances l'exigent. Elle saura remplir courageusement les devoirs que sa position lui impose.

» J'emmène mon fils avec moi. Il apprendra, au milieu de l'armée, à servir son pays.

» Résolu à poursuivre avec énergie la grande mission qui m'est confiée, j'ai foi dans le succès de nos armes, car je sais que la France est debout derrière moi et que Dieu la protége ! »

De nombreuses acclamations accueillirent les paroles du Souverain.

Le 23 juillet, parut la proclamation de l'Empereur au peuple français, dans laquelle il annonçait qu'il allait se rendre à son quartier-général. Déjà les maréchaux et les généraux qui avaient reçu des commandements étaient, pour la plupart, à leurs postes, sur la frontière de l'Est. L'état-major était ainsi composé.

Commandant en chef : l'Empereur.

Major général de l'armée : le maréchal Lebœuf.

Aides-majors généraux : le général Lebrun, le général Jarras, généraux de division.

Commandant en chef l'artillerie : le général Soleille.

Commandant en chef le génie : le général Coffinières de Nordeck.

Commandant le 1er corps : maréchal Mac-Mahon. — Chef d'état-major, général de brigade Colson. — Commandant de l'artillerie, général de division Forgeot.

Commandant le 2e corps : le général Frossard. — Chef d'état-major, général de brigade Sachet. — Artillerie, général de brigade Gagneur.

Commandant le 3e corps : le maréchal Bazaine. — Chef d'état-major, général de brigade Manèque. — Artillerie, général de division Grimauld de Rochebouët.

Commandant le 4e corps : le général Ladmirault. — Chef d'état-major, général de brigade Osmont. — Artillerie, général de brigade Lafaille.

Commandant le 5e corps : le général de Failly. — Chef d'état-major, général de brigade Besson. — Artillerie, général de brigade Liénard.

Commandant le 6e corps : le maréchal Canrobert. — Chef d'état-major, général de brigade Neury. — Artillerie, général de brigade Labastie.

Commandant le 7e corps : le général Douay. — Chef d'état-major, général de brigade Renson. — Artillerie, général de brigade Liédot.

Commandant le 8e corps, garde impériale et réserve : le général Bourbaki. — Chef d'état-major, général de brigade d'Auvergne. — Artillerie, général de brigade Pe de Arros.

Commandant la flotte du Nord : le vice-amiral Bouët Willaumez.

Les commandants des divers corps étaient généralement des officiers connus et estimés de l'armée ; ils avaient fait leurs preuves dans les campagnes de Crimée et d'Italie ; la France avait pleine confiance dans leur courage et leur habileté.

De Paris à Strasbourg et à Mulhouse, le trajet est long et pénible, surtout par des chaleurs excessives, comme celles qui régnèrent dans la dernière quinzaine de juillet. Nos soldats auraient donc eu beaucoup à souffrir, si les populations ne leur étaient venues en aide sur leur passage. Les habitants des villes de l'Est avaient transformé en vastes buffets, ouverts nuit et jour, les gares où ils devaient s'arrêter. Des tonneaux coupés en forme de baquets, contenant de la bière ou du vin, étaient rangés en bataille. A l'arrivée de chaque train, des chopes instantanément remplies étaient offertes à la troupe ; les dames elles-mêmes se chargeaient de ce soin.

Voici ce qu'un correspondant écrivait, à ce sujet, à la *Patrie* :

« Les convois de troupes continuent d'affluer sur Mulhouse, et l'accueil qu'on fait à nos braves soldats est des plus sympathiques. Il s'est formé une société parmi les jeunes gens de la ville, afin de recueillir les souscriptions pour que tous les détachements qui arrivent ici reçoivent, pendant l'arrêt des trains, de la charcuterie, du pain, du café, du vin, de la bière et des cigares. Des dames et des jeunes filles de la société se sont spontanément offertes pour faire des distributions de vivres ; et ce matin, à deux heures, vous auriez pu admirer quelques toutes jeunes femmes, allant d'un soldat à l'autre avec une grâce toute française et une exquise délicatesse. »

Aussi nos troupiers paraissaient-ils heureux de redoubler

d'amabilité. Ils donnaient leurs cœurs pour rien et promettaient la tête de Bismarck pour un saucisson, en chantant le refrain populaire :

> Dans le service de l'Autriche,
> Le militaire n'est pas riche,
>   Chacun sait ça ;
> Dans le service de la France,
> Il aime bien à faire bombance,
>   Etc., etc.

Pendant que nos soldats volaient à la frontière, l'Impératrice se rendait à Cherbourg et visitait la flotte qui s'apprêtait à faire voile pour la Baltique. Le commandant en chef lui présenta, sur la *Surveillante*, les états-majors de l'escadre, et lui adressa cette allocution :

« Madame,

» Au moment où nous allons lever l'ancre, Votre Majesté veut bien nous faire un dernier adieu, sur le pont même de nos vaisseaux. Merci !

» Nous sommes habitués à voir notre Impératrice apparaître partout où il y a un danger à braver ; nous n'avons qu'à nous inspirer de son noble exemple dans la lutte qui se prépare.

» Notre rôle s'annonce comme devant être plus modeste que celui de nos frères de l'armée ; mais, quoi qu'il arrive, nous n'oublierons pas que nous avons la dignité offensée de la France à venger, en nous groupant autour de la famille impériale.

» Vive l'Empereur !
» Vive l'Impératrice !
» Vive le Prince impérial ! »

Ces derniers mots étaient à peine prononcés que l'équipage les répétait chaleureusement. Quand le calme fut rétabli, l'Impératrice remercia généreusement l'amiral, puis, avec un accent plein d'énergie, elle lut la proclamation que l'Empereur l'avait chargée d'apporter à l'escadre :

« Officiers et marins,

» Quoique je ne sois pas au milieu de vous, ma pensée vous suivra sur ces mers où votre valeur va se déployer.

» La marine française a de glorieux souvenirs ; elle se montrera digne de son passé.

» Lorsque, loin du sol de la patrie, vous vous trouverez en face de l'ennemi, songez que la France est avec vous, que son cœur bat avec le vôtre, et qu'elle appelle sur vos armes la protection du Ciel.

» Pendant que vous combattrez sur mer, vos frères de l'armée de terre lutteront avec la même ardeur pour la même cause que vous, secondez réciproquement vos efforts, que couronnera le même succès.

» Allez, montrez avec orgueil nos couleurs nationales ; en voyant le drapeau tricolore flotter sur nos vaisseaux, l'ennemi saura que partout il porte dans ses plis l'honneur et le génie de la France.

» NAPOLÉON.

» Palais de Saint-Cloud, 23 juillet 1870. »

L'Impératrice était émue, et elle ne put répondre aux nombreux vivats qui l'acclamaient qu'en serrant la main de l'amiral Bouët-Willaumez.

Cette scène véritablement imposante fut aussitôt suivie de la messe, à laquelle la Souveraine assista avec un recueillement profond; ensuite elle gagna la *Savoie*, où il avait été pris des dispositions pour la recevoir, et là elle réunit à sa table les amiraux, les commandants et les officiers supérieurs des bâtiments en rade. Le soir, à huit heures, elle partit de Cherbourg et retourna à Saint-Cloud.

Le jour approchait où l'Empereur devait rejoindre les troupes. Avant de s'éloigner, il investit l'Impératrice de la régence ainsi qu'il l'avait fait au moment de la guerre d'Italie. Il quitta Saint-Cloud le 28, à dix heures du matin, avec son fils, pour se rendre au quartier-général de l'armée du Rhin, à Metz. A neuf heures et demie, le train impérial était allé se garer dans le parc réservé, et, quelques minutes après, étaient arrivées huit voitures découvertes, marchant au pas, dans lesquelles se trouvaient l'Empereur, le Prince impérial, avec leurs chambellans et leurs officiers d'ordonnance, et l'Impératrice, accompagnée d'une dame du palais et d'une demoiselle d'honneur.

L'Empereur portait l'uniforme de général de division, le Prince impérial celui d'officier, petite tenue.

Le train partit à dix heures précises, salué par les cris de trois ou quatre cents personnes qui se pressaient à la « grille d'Orléans. » Il arriva à Metz à sept heures.

Dès le soir, parut la proclamation où l'Empereur indiquait à l'armée le but de la guerre.

« Soldats,

» Je viens me mettre à votre tête pour défendre et l'honneur et le sol de la patrie.

» Vous allez combattre une des meilleures armées de l'Europe ; mais d'autres qui valaient autant qu'elle n'ont pu résister à votre bravoure. Il en sera de même aujourd'hui.

» La guerre qui commence sera longue et pénible, car elle aura pour théâtre des lieux hérissés d'obstacles et de forteresses ; mais rien n'est au-dessus des efforts persévérants des soldats d'Afrique, de Crimée, de Chine, d'Italie et du Mexique. Vous prouverez une fois de plus ce que peut une armée française animée du sentiment du devoir, maintenue par la discipline, enflammée par l'amour de la Patrie.

» Quel que soit le chemin que nous prenions hors de nos frontières, nous y trouverons les traces glorieuses de nos pères. Nous nous montrerons dignes d'eux.

» Soldats, que chacun fasse son devoir, et le Dieu des armées sera avec nous !

» La France entière vous suit de ses vœux ardents, et l'univers a les yeux sur vous. De nos succès dépend le sort de la liberté et de la civilisation.

» NAPOLÉON.

» Au quartier impérial de Metz, le 28 juillet 1870. »

Le langage du chef de l'État était de nature à faire réfléchir sur les difficultés auxquelles il fallait s'attendre et sur la longueur des hostilités. « De nos succès, disait-il, dépend le sort de la liberté et de la civilisation. » Ce n'était pas seulement, en effet, pour venger un outrage que la France avait tiré l'épée, mais aussi pour soutenir un principe, comme en Italie. Depuis Charles VI, elle avait été le champion de l'équilibre européen. Les guerres de François Ier, la politique de Henri IV et de Louis XIV n'avaient pas eu d'autre objet que l'établissement d'un équilibre durable en Europe, et depuis Charles-Quint, il n'avait jamais été plus menacé qu'il l'était par la Prusse. Une longue paix dépendait du triomphe de nos armes ; le succès de cette campagne devait avoir pour résultat une sorte de confédération entre les divers Etats. C'était là l'idée dont Napoléon III avait constamment poursuivi la réalisation. Avant la guerre de Bohême, il avait signalé deux dangers pour le monde moderne : l'énorme accroissement de la Russie et le développement du colosse américain. La guerre du Mexique avait pour but d'enfermer les Etats-Unis dans leurs limites et de contrebalancer leur puissance en opposant un empire latin à la république américaine. La guerre d'Orient avait déjà, pour un certain temps, assuré l'équilibre à l'égard de la Russie. Depuis cette époque, les conquêtes du conseiller du roi Guillaume — M. de Bismarck — avaient remis le principe en péril, et c'était au nom de ce principe que la France, à la tête des races latines, s'avançait pour refouler la Prusse au delà du Rhin. Il n'était personne qui ne formât des vœux ardents pour l'heureuse issue de la lutte qui s'engageait, tout en regrettant qu'on ne s'y fût pas préparé sérieusement depuis plusieurs années.

CHAPITRE II

Préliminaires de la guerre. — Escarmouches. — Destruction du pont de Kehl par les Badois. — Organisation des ambulances. — Prise de Sarrebrück. — Bataille de Wissembourg.

Les troupes se concentraient à la frontière et dans les places qui leur étaient assignées. Le général Douay (Félix) avait son quartier général à Belfort, le maréchal Mac-Mahon à Strasbourg, le général de Failly à Bitche, le général Frossard à Saint-Avold, le général Ladmirault à Thionville ; le maréchal Canrobert commandait à Châlons, et le général Bourbaki, avec la garde, à Nancy. C'était donc entre Sierck et Lauterbourg, et entre Lauterbourg et Bâle, que nous allions envahir la Prusse rhénane d'une part et le duché de Bade de l'autre, à moins qu'il ne plût à l'ennemi de venir nous attaquer.

La France presque entière ignorait l'état dans lequel se trouvait notre armement. Outre que nous étions loin d'avoir sous les drapeaux le nombre de soldats qui avait été annoncé à la tribune du Corps législatif, notre matériel de guerre était en magasin, dans les chantiers de construction, d'où il fallait un temps assez long pour le retirer et le mettre en état de servir. De plus, l'armée manquait de vivres, et, au lieu d'être approvisionnée largement, elle attendait chaque jour les convois qui lui apportaient la subsistance. Ce dut être, d'après des hommes compétents, la cause première des désastres qui marquèrent cette douloureuse campagne.

Nos avant-postes avaient souvent à échanger des coups de fusil avec les Allemands, qui se rapprochaient comme pour passer une inspection de nos vedettes. On les laissait arriver à 8 ou 900 mètres; on en tuait deux ou trois, et tout redevenait calme. Ces premières expériences produisaient sur le moral de nos soldats le meilleur effet; ils avaient confiance dans leur arme, et c'était un point capital.

Le 24 juillet, les Badois firent à Niederbronn, près de Wissembourg, une escapade qui leur coûta cher. Une patrouille d'environ seize dragons, s'étant aventurée dans la campagne, fut écharpée par nos chasseurs à cheval. Ces dragons étaient entrés sur le territoire français par Lauterbourg, et, traversant la ville pendant que la population était à l'église, ils avaient brisé les fils télégraphiques et s'étaient dirigés ensuite, à travers les bois, vers Hundspach. En route, ils rencontrèrent un gendarme et un lancier français, qui aussitôt se précipitèrent sur eux. Le lancier tua le cheval d'un officier, mais il fut lui-même terrassé et laissé pour mort; le gendarme, fait prisonnier, s'échappa peu d'instants après et courut donner l'éveil. Les dragons, après un grand nombre de pérégrinations, allèrent prendre gîte près de Frœschviller.

Le lendemain, cette affaire devait prendre une autre tournure. Les dragons déjeunaient quand un coup de feu retentit; c'étaient des chasseurs à cheval français qui arrivaient et qui avaient tiré sur la sentinelle postée par les Badois devant la porte de leur auberge. Les chasseurs, armés du nouveau fusil de cavalerie, font une décharge sur les fenêtres où viennent d'apparaître les autres

Badois. Ceux-ci ripostent. Les chasseurs se précipitent dans l'escalier, montent à l'assaut du premier étage, pénètrent dans la pièce où se tient l'ennemi, et le somment de se rendre. Une véritable bataille s'engage. Les chassepots « font merveille. » Au bout de peu d'instants, l'ennemi est hors de combat. Cinq Badois sont tués, six blessés ; les autres sont faits prisonniers. Parmi les blessés se trouvait un Anglais qui servait comme officier dans l'armée badoise. Ce malheureux avait une balle dans le bas-ventre ; il demanda un pasteur et fit son testament. Nous avions perdu, de notre côté, un maréchal-des-logis. Les prisonniers furent emmenés à Niederbrohn, où ils firent leur entrée au milieu des cris de *Vive la France !* de toute la population. Dans cette troupe de seize hommes, il n'y avait pas moins de cinq officiers, tous revêtus d'uniformes de simples soldats.

Quelques jours auparavant, un autre détachement de troupes ennemies s'était porté, entre Forbach et Sarrebrück, vers la Petite-Rosselle, et n'avait pas été repoussée avec moins de vigueur. Les Français étaient allés à leur rencontre, et leur avaient fait des prisonniers, qu'on avait renfermés dans la vieille église de Forbach. Tous ces combats s'engageaient presque malgré les officiers, qui avaient des instructions pour ne pas se montrer agresseurs ; mais les soldats passaient outre, et il était difficile de les arrêter.

Un acte de vandalisme, digne du temps d'Attila, fut commis à l'ouverture de la campagne. Le 25 juillet, les Badois détruisirent presque entièrement le pont de Kehl, du côté de la rive allemande ; une partie de cette œuvre merveilleuse, qui avait coûté tant de millions et de travail, s'était effondrée dans les flots. Heureusement, les magnifiques fondations de l'édifice étaient trop bien assises pour pouvoir être atteintes, et rien n'empêchera les Badois de reconstruire plus tard, à leurs frais, l'étage supérieur. Un pont volant jeté sur la partie de la maçonnerie restée debout, un pont de bateaux disposé en travers du fleuve, pouvait nous suffire pour traverser le Rhin en quelques heures.

La pensée de venir au secours des blessés et des malades avait été accueillie avec le plus louable empressement dans la France entière. Des souscriptions s'étaient organisées, les offrandes affluaient, et le gouvernement s'occupait déjà de les appliquer d'une manière efficace. La prévoyance publique devait s'étendre plus loin. M. Chevandier de Valdrôme, ministre de l'intérieur, invita les préfets des départements rapprochés du théâtre de la guerre à former des dépôts provisoires sur lesquels seraient évacués les malades et les blessés. Les préfets s'adressèrent à ce sujet aux maires, et partout l'appel fait par eux au patriotisme des habitants fut entendu. Beaucoup de villes, un grand nombre de particuliers s'engagèrent à mettre à la disposition de l'autorité un certain nombre de lits. Les médecins annonçaient qu'ils ne recevraient aucune rétribution pour les soins qu'ils auraient à donner; les pharmaciens promettaient de livrer les médicaments au prix de revient; des mères de famille acceptaient avec fierté la noble mission de soigner nos soldats.

Les blessés pourraient être transportés facilement, grâce à un moyen très-ingénieux, imaginé par M. Robert, intendant général chargé de ce service. M. Robert avait fait adapter à tous les wagons des poignées mobiles auxquelles on suspendrait des hamacs, et de cette façon on gagnerait beaucoup de temps pour la formation des ambulances. Quatre wagons seraient toujours prêts aux extrémités des lignes.

La *Société de secours aux blessés de terre et de mer* travaillait de son côté, avec une activité digne des plus grands éloges, et l'on venait de constater les résultats importants qu'elle avait rapidement obtenus. Le 1er août, avait eu lieu, devant le palais de l'industrie, où siégeait le comité principal, une revue des hommes et du matériel de la première ambulance volontaire de l'Association internationale : le même jour, M. de la Grangerie, secrétaire général du comité de la souscription patriotique ouverte par l'initiative du *Gaulois*, apportait un premier versement de 300,000 francs, destiné à la création d'une seconde ambulance, dont le drapeau tutélaire devait porter dans ses plis cette inscription : *Donnée par la Presse française*.

Les ambulances étaient établies d'après le système américain ; les blessés et les malades non transportables pourraient être traités sur place jusqu'à guérison entière. Le personnel de chacune se composait d'un chirurgien en chef, de quatre chirurgiens, de dix aides-chirurgiens et de douze sous-aides, ayant sous leurs ordres cinquante-deux infirmiers, dont deux sous-officiers et quatre caporaux. L'uniforme, pour les officiers, était la tunique de la marine, le gilet de drap bleu, dit gilet d'Afrique, le pantalon de drap bleu, les bottes molles, le képi blanc ou bleu avec la croix rouge internationale. Chaque ambulance disposait de quarante chevaux, dont douze de trait pour le transport de son matériel. Chacune des grandes tentes contenait vingt-quatre lits et pouvait être mise sur pied en dix minutes. Pour le transport des blessés sous la tente, il y avait trois cents lits fermés armés de brancards, et cent civières.

La première ambulance, avec son personnel, quitta

Paris le 5 août pour se rendre à l'armée ; le moment était venu où nos troupes allaient se porter en avant. Elle partit à cinq heures du palais de l'industrie, et se dirigea vers la gare du chemin de fer de l'Est. Ce défilé des volontaires de l'humanité, suivant les défilés des volontaires de la guerre et des soldats, excitait à la fois l'enthousiasme et la pitié ; les mains se tendaient, et les yeux se remplissaient de larmes. « Chapeau bas ! » disait-on de loin en loin. Et chacun regardait passer, tête nue, les chirurgiens à cheval, les infirmiers le sac au dos ; la grande tente, les lits, les fourgons fermés et les fourgons découverts. Sur le collet des uniformes, sur les képis militaires, sur les boiseries bleu-clair des voitures, se détachait l'écusson blanc à croix rouge des hospitaliers. Ces armes, qui étaient celles de la Suisse neutre, suffisaient à glorifier les ambulances, neutres aussi ; c'est-à-dire prêtes, selon le droit nouveau, à prodiguer également leurs secours à nos compatriotes et à nos ennemis.

Des hauteurs qui dominent le petit village de Spikeren, sur la frontière du département de la Moselle, on apercevait le champ de manœuvre prussien situé en avant de Sarrebrück, et l'on remarquait, depuis plusieurs jours, que l'ennemi y construisait déjà des tranchées et des épaulements de terre en oblique. On résolut de lancer quelques bombes afin de forcer les Allemands à démasquer leurs batteries. Le canon inonda de projectiles une maison rouge, placée sur la route de Mayence, qui servait de poste d'infanterie et de cavalerie, et une bombe y éclata ; les autres tombèrent au milieu de la ville.

Sarrebrück est tout près de Forbach, à 65 kilomètres de Trèves, sur la gauche de la Sarre, qu'on y passe sur un assez joli pont. — Pont en allemand se dit *bruck* :

Sarrebrück signifie donc Pont de la Sarre. — Cette ville, fondée au dixième siècle par les évêques de Metz, puis possédée par des comtes particuliers (1237), appartenait à la maison de Nassau depuis 1380 ; mais elle fut prise par les Français, et bientôt après par les Impériaux, qui la brûlèrent (1676). Réunie à la France en 1794, elle resta chef-lieu d'arrondissement du département de la Sarre jusqu'en 1814.

Le 2 août, l'armée française prit l'offensive et entra sur le territoire de la Prusse. A onze heures du matin, les troupes placées sous le commandement du général Frossard eurent un engagement sérieux avec les troupes prussiennes. Malgré la force de la position de l'ennemi, quelques-uns de nos bataillons suffirent pour enlever les hauteurs qui dominent Sarrebrück, et nos soldats chassèrent les Allemands de la ville.

Au moment où l'on occupa les hauteurs, une batterie de mitrailleuses fut mise en position en présence de l'Empereur et du Prince impérial. L'Empereur avait ordonné qu'on ne tirât que si cela était indispensable. Les Prussiens étant cachés dans les ruines des maisons, on ne pouvait se servir utilement de notre nouvelle artillerie. Mais bientôt on aperçut un peloton d'ennemis qui défilait sur le chemin de fer de la rive droite de la Sarre, à une distance de seize cents mètres. On dirigea contre eux les mitrailleuses, et, en un clin d'œil, le groupe fut dispersé : la moitié des hommes étaient par terre. Un second peloton se hasarda sur la même ligne et subit le même sort. Personne n'osa plus dès lors passer sur le chemin de fer.

Ce succès fut malheureusement atténué, quelques jours après, par une défaite. L'armée prussienne, compromise par l'affaire de Sarrebrück, avait été renforcée par les troupes de la vallée de Leebach et de toute la rive gauche du Rhin, depuis Mayence jusqu'à Rastadt.

Le prince Frédéric-Charles de Prusse, voyant la retraite divergente de son armée sur le Rhin, et comprenant combien il était nécessaire de relever son moral affaibli par une victoire, résolut d'écraser la division française établie à Wissembourg, sous les ordres du général Douay (Abel), avant qu'elle pût être soutenue par les autres divisions du corps d'armée commandé en personne par le duc de Magenta.

Cette tentative plaisait à son esprit aventureux. Il savait, en effet, que deux régiments de troupes légères faisaient partie de cette division, et il connaissait la renommée de ces soldats d'élite. Admirablement servi par ses espions, il laissa une partie de son corps dans la direction de Rastadt, pour assurer ses communications avec l'armée principale, et porta le gros de ses forces, composé de 26 régiments d'infanterie et de 32 escadrons de cavalerie, dans la direction de Wissembourg. Dix-huit batteries d'artillerie légère appuyèrent ce mouvement hardi, lequel s'exécuta avec tant de rapidité que les avant-postes français eux-mêmes n'en eurent connaissance que quand la voix du canon se fit entendre.

Les généraux de Sestrow, de Bittenfeld, de Voigt, Retz, avaient reçu des ordres en conséquence, et ils se montrèrent, il faut le reconnaître, à la hauteur de la situation.

C'était le 4 août. Le chef de l'armée ennemie, après avoir masqué tous ses mouvements avec une précision remarquable, se jeta sur la droite de la division française. Sa première colonne, forte de 23 bataillons bavarois et prussiens, et précédée d'une nombreuse avant-garde, tourna la division par la droite, et s'étendit dans la plaine pour attaquer le flanc droit du général Douay. En même temps le gros de la colonne marchait sur Wissembourg, tandis que, sur les hauteurs qui dominaient l'extrême gauche des Français, une artillerie formidable ouvrait un feu des mieux nourris.

Indépendamment des forces indiquées, les Prussiens amenaient successivement en ligne le 7ᵉ corps, qui se reliait au 8ᵉ, et le 10ᵉ corps, qui déboucha des bois de Heusbourg. Dès que ces troupes furent arrivées, elles prirent part à l'action.

La division française, répandue sur un espace relativement considérable, n'était pas assez forte pour empêcher de grosses colonnes de pénétrer. La lutte s'engagea terrible sur toute l'étendue du champ de bataille. A droite, la ligne ennemie plia sous le choc d'une charge désespérée : tout ce qui se trouvait sur le chemin des Français fut haché, brisé. Mais, emportés par leur ardeur, deux de nos bataillons s'enfoncèrent dans les masses prussiennes. Le prince Frédéric-Charles vit le danger, et, accourant à la tête d'une partie du corps de Bittenfeld, il rétablit le combat : les deux bataillons, privés de toutes communications avec le reste de la division, demeurèrent, brisés à leur tour, aux mains des Prussiens.

A droite, le général de Sastrow avait été vainqueur ; et dans toutes les défenses de cette nature, la ligne entière tombe dès qu'un point est enlevé. Ce fut en cet instant que le général Douay, se précipitant au secours de son aile gauche, fut mortellement atteint. Bientôt après, notre division, dont les feux convergents avaient semé la mort dans les rangs de l'ennemi, mais qui avait, elle aussi, éprouvé des pertes sérieuses, se trouva prise à revers par des troupes fraîches qui venaient de descendre des hauteurs. Elle battit en retraite. En ce moment, le duc de Magenta arrivait sur le champ de la bataille.

La lutte avait duré plusieurs heures. Nos soldats se replièrent sur le col du Pigeonnier : 8 à 10.000 Français avaient résisté avec une rare vaillance à plus de 80,000 Allemands, et mis hors de combat 10,000 hommes.

On ne lira pas sans intérêt le récit de l'action, emprunté au *Courrier du Bas-Rhin* :

« Haguenau, 2 h. du matin, 5 août 1870.

» Les bruits qui ont couru hier dans la journée à Strasbourg, et à la suite desquels je suis parti en toute hâte pour Haguenau, n'étaient malheureusement que trop fondés. Nos soldats, disons-le de suite, ont été écrasés par le nombre. 8 ou 10,000 hommes de notre armée ont lutté pendant six heures contre 80,000, contre 100,000 ennemis peut-être.

» Le 74ᵉ et le 50ᵉ de ligne, le 16ᵉ bataillon de chasseurs à pied, un régiment de turcos, un régiment de chasseurs à cheval campaient la nuit dernière dans les environs de Wissembourg. Des éclaireurs, des patrouilles, envoyés en reconnaissance sur la frontière, n'avaient signalé la présence d'aucun ennemi, et l'on ne s'attendait pas à une prochaine affaire. Ce matin, à l'aube, une vigoureuse canonnade se fit entendre, et l'armée allemande, immense, artillerie, cavalerie, infanterie, se montra sur les hauteurs de Schweingen, le premier village bavarois de la frontière, et de tous côtés à l'entour. Les premières bombes tombèrent sur Wissembourg, dont elles allumèrent bientôt la caserne et ensuite d'autres bâtiments.

» Le 50ᵉ de ligne était en train de faire la soupe du

matin, lorsque les balles vinrent l'assaillir dans son camp. Le général Douay, qui commandait la division, ordonna alors un mouvement en avant ; les soldats laissèrent là tout l'équipement, jetèrent les sacs qu'ils avaient commencé à boucler, et s'élancèrent au feu. Les troupes françaises n'avaient que trois pièces de canon ; l'ennemi avait une artillerie formidable qui lançait des bombes et des obus au milieu de nos rangs. Nos soldats s'abritèrent derrière des fermes près de Wissembourg ; mais bientôt le canon les délogea de cette position ; ils étaient écrasés par le nombre des Allemands, qui augmentait à chaque instant et atteignait, comme je l'ai dit, le nombre de 80,000 ou 100,000 hommes.

» Les turcos se sont battus comme des lions, ils ont chargé l'ennemi à la baïonnette ; mais ils ont été mitraillés.

» Les deux régiments de ligne ont fait des prodiges aussi ; officiers et soldats ont éprouvé des pertes cruelles.

» Une nouvelle terrible vint aussi troubler nos soldats : le général Douay venait d'être tué par un obus, et le général Montmarie était blessé. Les Allemands tiraient toujours avec leurs nombreuses bouches à feu sur nos troupes, sur les maisons et les fermes, incendiant tout ce qui se trouvait à leur portée.

» Au milieu de la bataille arrive en chemin de fer un détachement de ligne, ignorant ce qui se passait, et qui allait rejoindre son régiment. On arrête le train à Hunspace ; nos soldats sautent de wagon, arment leurs fusils et se jettent dans la mêlée. Elle a duré jusqu'à deux heures, cette lutte de un contre dix. Les Français se retirèrent par les bois et les vignes, poursuivis une dernière fois par la mitraille ennemie.

» Les turcos s'étaient emparés déjà de huit canons, qui leur furent repris après un combat acharné, très-meurtrier pour eux, mais dans lequel ils ont à moitié détruit un régiment de hussards prussiens. On n'a pas eu le temps de ramasser les armes, les tentes ; les blessés sont restés en partie sur le champ de bataille.

» Je suis arrivé à Haguenau à huit heures du soir. Dans les rues, des groupes nombreux parlent avec animation des événements du jour. Puis un triste spectacle : de longues files de voitures, attelées de bœufs ou de chevaux, couvertes de quelques meubles et de literie, et portant des hommes, des femmes, des petits enfants en pleurs. Ce sont les habitants de Riedseltz, de Schœnenbourg, des villages voisins qui fuient devant les bandes ennemies. Ils s'installent dans la rue, sous les arbres, et la foule les entoure. Ils pleurent et s'imaginent que leurs villages sont tout entiers en feu.

» Ensuite entrent par la porte de Wissembourg les soldats de nos régiments engagés dans cette lutte inégale de la journée. Ils arrivent fatigués, brisés, n'ayant pas mangé depuis vingt-quatre heures, pleurant un chef, un camarade.

» J'en interroge quarante, cinquante, et ils disent tous que la lutte était impossible, affirmant que s'ils avaient été 20,000 seulement, ils auraient repoussé l'ennemi, car leurs petites colonnes l'ont tenu plusieurs fois en échec. Un sergent-major de ligne me raconte la bataille comme je l'ai racontée plus haut. Quelques blessés arrivent, s'appuyant sur leurs fusils. Un turco nous montre son bras traversé par une baïonnette ; un autre turco nous apporte le sabre de son capitaine tué à côté de lui ; il embrasse l'arme de son malheureux chef.

» Tout cela était triste et produisait dans le silence de la nuit un effet extraordinaire.

» A onze heures arrivent deux voitures de blessés, qu'on transporte dans les ambulances; à minuit je vois encore les sœurs de charité courir par les rues, cherchant des remèdes, des aides, se dévouant d'une façon remarquable.

» A une heure du matin, le tambour bat dans les rues de Haguenau; on réunit les pompiers et on les expédie sur la route; ils doivent recueillir les blessés et aider à enterrer les morts.

» Un fait encore à l'honneur de nos braves régiments : ils n'ont perdu ni un drapeau ni un canon.

» J'écris sous l'impression fort vive produite par les événements que l'on me raconte et ceux auxquels j'assiste.

» Le récit de l'engagement est celui que m'ont fait vingt soldats d'une manière identique.

» Leurs narrations, comme l'on pense, se ressentaient de l'émotion que fait éprouver une lutte aussi chaude, et si j'avais commis quelques inexactitudes ou quelques omissions, qu'on veuille l'attribuer à la disposition d'esprit de ceux qui m'instruisaient et à la fièvre toute naturelle qui agite celui qui écrit sur des sujets aussi palpitants.

» Gustave Fischbach fils. »

Voici ce que racontait une autre feuille de la fin du courageux général, qui, ne voyant pas la mort venir à lui, était allé la chercher.

« A l'heure où la bataille était perdue, le général, morne et sombre, regardait du haut d'un mamelon les derniers régiments de sa division qui descendaient une colline d'où le feu de l'ennemi les décimait. Tout ce qu'on peut faire pour conjurer le sort, il l'avait fait. Il n'avait plus sous la main ni un bataillon ni une compagnie; le combat qu'il soutenait depuis le matin avait tout pris.

» Alors il distribue à ses aides de camp et à ses officiers d'ordonnance des ordres qui les dispersent dans toutes les directions, et seul il descend le mamelon au pas.

» Arrivé dans un ravin, il tire un pistolet des fontes de sa selle, casse la tête à son cheval et, l'épée nue à la main, monte lentement la pente de la colline qui lui fait face.

» Des soldats qui appartiennent à tous les régiments et à toutes les armes le rencontrent. Ils se jettent au-devant de lui et tentent de l'arrêter. Dix voix haletantes lui demandent où il va. « A l'ennemi ! » répond le général.

» Il passe. Les soldats étonnés le suivent. Ils sont une poignée et montent autour de lui. D'autres accourent, reconnaissent le général et s'élancent pour lui barrer le chemin. Il les écarte du geste et monte plus haut.

» Et ces mêmes soldats, tout à l'heure épouvantés de tant d'héroïsme, l'imitent et grimpent à ses côtés, brûlant leurs dernières cartouches.

» Cependant un feu terrible partait du sommet de la colline, et renversait çà et là ces hommes que l'exemple du général, calme et stoïque, électrisait.

» D'autres encore les rejoignent, essaient un dernier effort auprès de leur chef; mais lui, montrant le sommet de la colline du bout de son épée, secoue la tête et continue cette épouvantable ascension. On tombe à chaque pas, on tombe encore, on tombe toujours. Lui seul est épargné; mais, impassible, il regarde l'ennemi, et le front haut, l'œil en feu, il avance à travers des lignes d'hommes fauchés par la mitraille.

» Tout à coup il s'arrête et chancelle,

» Un soldat que les balles avaient laissé debout court à lui.

» Le général Douay était mort. »

CHAPITRE III

Batailles de Reichshoffen et de Forbach. — Mesures prises pour assurer la défense. — Concentration de l'armée en avant de Metz. — Strasbourg investi. — Nancy occupé par l'ennemi.

La journée du 6 août s'écoula à Paris au milieu d'une effervescence inexprimable. Dès la veille au soir, on s'entretenait d'un mouvement de concentration de troupes appartenant au corps du maréchal Mac-Mahon, et l'on ajoutait que le maréchal se disposait à prendre l'offensive. Le lendemain, la rumeur prit une grande consistance, et, vers midi, la nouvelle se répandit que notre armée venait de remporter une victoire éclatante dans les environs de Landau et de Wissembourg. Landau, disait-on, était tombé en notre pouvoir; le prince royal de Prusse et 25,000 de ses soldats avaient été faits prisonniers. Les fenêtres se pavoisèrent aussitôt, et la joie fut grande dans toute la ville. Dans l'après-midi, on connut la vérité. Une dépêche affichée à la Bourse par une main coupable avait causé cette immense mystification. L'auteur de la fausse nouvelle fut arrêté.

Le 7, on sut à quoi s'en tenir. Nous avions été vaincus dans deux batailles, à Reichshoffen et à Forbach. Voici ce qui s'était passé :

Le maréchal Mac-Mahon, pour recueillir les débris de

la division Douay, si fatalement éprouvée à Wissembourg, remontait de Haguenau vers le nord-est, lorsqu'il se trouva en présence du prince Charles, qui cherchait à inonder la vallée du Rhin de ses troupes, laissant à l'armée du prince Frédéric-Charles le soin de repousser à Sarrebrück le corps du général Frossard, pour envahir la France plus à l'ouest. Le duc de Magenta eut à soutenir, avec 33,000 hommes, le choc de plus de 180,000 Allemands. Aussi le prince royal crut-il un instant qu'il allait détruire le corps français, qui fut pris entre trois feux. Le maréchal dut songer à abandonner le champ de bataille; mais, pour pouvoir en ramener les débris de ses divisions, il fallut qu'il lançât contre l'avant-garde ennemie un régiment de cuirassiers, et quand ceux-ci eurent, en grande partie, succombé, un régiment de chasseurs, qui fit aussi une trouée effroyable dans les rangs des Prussiens. L'armée française fut alors maîtresse de la route qui lui assurait le salut. Nos pertes avaient été énormes. Nous laissions sur la prairie 8 à 10,000 des nôtres. Le chef d'état-major du 1er corps, le général Colson, l'un de nos officiers les plus distingués, avait été frappé aux côtés du maréchal.

Au nombre des braves tombés à Reichshoffen, on citait le colonel Vassart, le comte de Septeuil, le comte Robert Vogué, frère du comte Melchior de Vogué, chef des ambulances de la société de secours aux blessés. Après la bataille, le corps du comte Robert fut reconnu par des officiers prussiens qui l'avaient rencontré à Bade. Informé que son frère était non loin de là, aux ambulances, le prince Charles le pria de venir, et lui dit d'une voix grave et attristée, en le saluant courtoisement:

« Monsieur le comte, j'ai une bien douloureuse nouvelle à vous apprendre. Me comprenez-vous?

— Mon pauvre frère ! s'écria le gentilhomme français.

— Oui, reprit le prince. Il est mort en héros digne de son nom. Son corps est là, monsieur le comte. Vous aurez toute facilité pour emporter ces glorieux restes. »

Le lendemain, le maréchal Mac-Mahon adressa à l'Empereur, de Saverne, son rapport sur cette mémorable journée :

« Saverne, 7 août.

» Sire, j'ai l'honneur de rendre compte à Votre Majesté que le 6 août, après avoir été obligé d'évacuer la veille Wissembourg, le 1er corps, dans le but de couvrir le chemin de fer de Strasbourg à Bitche, et les voies de communications principales qui relient le revers oriental au revers occidental des Vosges, occupait les positions suivantes :

» La 1re division était placée, la droite en avant de Freischwiller; la gauche dans la direction de Reichshoffen, appuyée à un bois qui couvre ce village. Elle détachait deux compagnies à Neunviller et une à Iœgerstahl.

» La 3e division occupait avec la 1re brigade, un contre-fort qui se détache de Freischwiller et se termine en pente vers Guersdoff; la 2e brigade appuyait sa gauche à Freischwiller et sa droite au village d'Elsashausen.

» La 4e division formait une ligne brisée à la droite de la 3e division ; sa première brigade faisait face à Gundstedt, et sa seconde vis-à-vis du village de Marsbronn, qu'elle n'avait pu occuper faute de forces suffisantes. La division Dumesnil, du 7e corps, qui m'avait rallié le 6, de grand matin, était placée en arrière de la 4e division.

» En réserve se trouvait la 2e division derrière la 2e brigade de la 3e division et la 1re brigade de la 4e. Enfin, plus en arrière se trouvait la brigade de cavalerie légère sous les ordres du général Septeuil, et la division de cuirassiers du général de Bonnemain ; la brigade de cavalerie Michel, sous les ordres du général Duhesmes, était établie en arrière de l'aile droite de la 4ᵉ division.

» A sept heures du matin, l'ennemi se présenta en avant des hauteurs de Guersdoff, et engagea l'action par une canonnade bientôt suivie d'un feu de tirailleurs assez vif contre la 1ʳᵉ et la 3ᵉ divisions. Cette attaque fut assez prononcée pour obliger la 1ʳᵉ division à faire un changement de front en avant sur son aile droite pour empêcher l'ennemi de tourner la position générale. Un peu plus tard l'ennemi augmenta considérablement le nombre de ses batteries, et ouvrit le feu sur l'autre des positions que nous occupions sur la rive droite de la Sanerbach. Bien que plus sérieuse et plus fortement accentuée que la première, qui se continuait d'ailleurs, cette seconde démonstration n'était qu'une fausse attaque qui fut vivement repoussée.

» Vers midi, l'ennemi prononça son attaque vers notre droite. Des nuées de tirailleurs, appuyées par des masses considérables d'infanterie et protégées par plus de soixante pièces de canon placées sur les hauteurs de Gundstedt, s'élancèrent sur la 2ᵉ division et sur la 2ᵉ brigade de la 3ᵉ division qui occupait le village d'Elsashausen.

» Malgré de vigoureux retours offensifs plusieurs fois répétés, malgré les feux très-bien dirigés de l'artillerie et plusieurs charges brillantes de cuirassiers, notre droite fut débordée après plusieurs heures d'une résistance opiniâtre ; il était quatre heures. J'ordonnai la retraite. Elle fut protégée par les 1ʳᵉ et 2ᵉ divisions, qui firent bonne contenance et permirent aux autres troupes de se retirer sans être trop vivement inquiétées.

» La retraite s'effectua sur Saverne, par Niederbronn, où la division Guyot de Lespart du 5ᵉ corps, qui venait d'y arriver, prit position et ne se retira qu'à la nuit close.

» J'adresse sous ce pli, à Sa Majesté, le nom des officiers blessés, tués ou disparus, dont il m'a été donné connaissance. Cette liste est incomplète, et je vous l'enverrai dès qu'elle m'aura été fournie en entier.

» Veuillez agréer, etc.

» MAC-MAHON. »

Ce rapport, si laconique et si net, dit bien le rôle de chaque division, mais, comme tout rapport militaire, il ne fait qu'esquisser les positions. Un correspondant du *Moniteur universel* racontait en ces termes cette journée :

« Des renseignements puisés aux meilleures sources et dont je crois pouvoir garantir l'authenticité, me permettent de donner un aperçu de la bataille terrible qui vient d'ouvrir l'Alsace à la Prusse.

» Quand on saura ce qu'ont fait les soldats du 1ᵉʳ corps et l'héroïque maréchal qui les commandait, le courage de Paris qui se réveille y puisera de nouveaux éléments de confiance. De pareilles défaites équivalent à des victoires.

» Le matin du jour qui a vu la bataille, le maréchal occupait en personne, avec une partie de ses troupes, une ligne droite en avant de Reichshoffen, faisant face à l'ennemi.

» Le reste de ses divisions était disposé en deux corps d'égale force, établis en potence : l'un, celui de la gauche, occupait Wœrth; l'autre, à la droite, le village d'Eberbach.

» La ligne de bataille représentait donc un triangle, dont la pointe était tournée vers la frontière.

» Vers dix heures, un premier corps d'armée fort de 60,000 hommes se présente, menaçant la position occupée par le maréchal, et cherchant à passer entre Reichshoffen et Wœrth. Il arrivait par la route de Niederbronn.

» Dès les premiers engagements de tirailleurs, suivis promptement d'une vive attaque, le maréchal appelle le corps placé à Eberbach, et le range en bataille en face de l'ennemi qu'il arrête, et, bientôt après, force à un mouvement de recul.

» C'est alors qu'un nouveau corps d'armée, fort également de 60,000 hommes, débouche de la forêt de Wœrth, qui en avait dissimulé la marche, et lance ses profondes colonnes sur les régiments placés en avant du village de Wœrth.

» 33,000 hommes se trouvaient en présence de 120,000 pourvus d'une énorme artillerie.

» Mais ces deux armées, qui unissaient leurs canons et leurs mitrailleuses, se heurtent contre des hommes que la certitude d'une mort presque inévitable n'ébranle pas.

» Une pluie de fer et de plomb, les obus, les biscaïens explosibles, les balles tombent sur nos fantassins dont les rangs se brisent, mais ne reculent pas. Le maréchal va partout, se multiplie, augmente, par sa présence aux points les plus menacés et la précision de ses ordres, l'élan sublime des braves qui lui obéissent, et il peut croire un instant qu'il sortira vainqueur de cette lutte effrayante.

» Il y avait déjà plusieurs heures qu'elle durait sans que les positions occupées par le maréchal fussent entamées, lorsque, dans l'après-midi, vers cinq heures, un troisième corps d'armée, fort cette fois de 74,000 hommes, arrive et, passant en arrière d'Eberbach abandonné, cherche à déborder les divisions décimées du maréchal et à lui couper la ligne de retraite sur Haguenau et Saverne.

» Le 1ᵉʳ corps était pris entre trois feux.

» Il fallait un effort héroïque pour sauver ce qui restait des régiments engagés depuis le matin. Le maréchal se décide à céder le champ de bataille couvert de morts où le nombre a triomphé ; mais, pour qu'il puisse en ramener ses débris et ses divisions moins nombreuses alors que des brigades, il lance contre l'avant-garde ennemie un régiment de cuirassiers qui doit en rompre la marche écrasante.

» Ces hommes de fer savent qu'ils vont à la mort, c'était la première fois qu'ils donnaient. On n'avait point vu les cavaliers de leur arme sur aucun champ de bataille depuis Waterloo ; mais ils se souviennent de ce qu'ont fait leurs pères ; et, du premier coup, ils renouvellent les charges légendaires du chemin creux d'Honain.

» Malgré les batteries, malgré les mitrailleuses, malgré le pêle-mêle des hommes et des chevaux qui tombent, les cuirassiers arrivent sur le front des régiments prussiens, les rompent, les écrasent, poussant toujours, et l'avant-garde, ébranlée dans son épaisseur, recule.

» Mais d'autres bataillons plus nombreux apportent le secours de leur poids aux Prussiens qui ne marchent plus, et ce qui restait de nos cuirassiers disparaît dans un tourbillon de fumée.

» Combien sont revenus de ces héroïques soldats ? On n'ose pas le demander !

» Le 1ᵉʳ corps avait eu sa route ouverte pendant une heure ! Il lui fallait une heure encore pour achever sa retraite. Le maréchal avait sous la main un régiment de chasseurs. Il s'agit du salut de l'armée ; il fait un signe.

Le régiment part, et les prouesses qu'avaient faites les cuirassiers, les chasseurs les recommencent.

» A leur tour, ils font une trouée effroyable ; et quand l'armée prussienne reprend sa marche offensive, l'armée française est maîtresse du chemin au bout duquel est le salut. Elle était sauvée !

» Les chasseurs étaient morts.

» Il a fallu que les aides de camp et les officiers d'ordonnance prissent le maréchal Mac-Mahon de force pour l'arracher au champ de bataille ; son armée à demi broyée, à l'abri de la poursuite, il voulait, lui aussi, se faire tuer.

» Un détail terrible : Au plus fort de la bataille, le maréchal expédie une dépêche au général de Failly pour lui prescrire d'envoyer deux divisions à Lambach, afin de prendre l'armée prussienne à dos. C'était alors une victoire.

» Le télégraphe écrit Hansbach, qui est dans une direction tout opposée, et les divisions du général de Failly ne trouvent personne sur le terrain où elles couraient pleines d'ardeur.

» La fatalité même était contre nous. Maintenant dira-t-on encore que l'armée française a été vaincue, et croit-on qu'elle puisse l'être avec de pareils soldats commandés par des hommes tels que le maréchal Mac-Mahon ! »

Hélas ! ainsi que le fait remarquer M. de la Vausserie, les événements ne prouvèrent que trop tôt combien devait être trompée la confiance patriotique des chroniqueurs parisiens.

Le même jour, nous nous battions aussi à Forbach, et là encore nos troupes essuyaient une défaite. Le 2ᵉ corps, général Froissard, s'étant malheureusement retiré des hauteurs qui dominent Sarrebrück, après en avoir délogé les

Prussiens, ceux-ci n'avaient pas tardé à occuper de nouveau les positions abandonnées, et, le 6, à une heure de l'après-midi, le général Steinmetz et le prince Frédéric-Charles nous attaquèrent avec leurs forces réunies. Un officier qui avait assisté à cette brillante affaire et en avait vu toutes les phases, la retraçait ainsi d'une façon très-exacte :

« Le 2 août, nous nous étions rendus maîtres de la ville de Sarrebrück et d'un débouché de vallée de la Sarre, en ce sens que nous venions de chasser les Prussiens et que nous dominions toutes les crêtes qui dominent la ville. Quelques coups de canon furent seulement tirés sur la gare ; on respecta la cité. Le 5 août au soir, la 2ᵉ division quittait une partie de ses positions pour venir occuper, sur la route de Sarreguemines et non loin de Forbach, des hauteurs qui nous mettaient à l'abri et qui permettaient à cette division de donner la main au corps stationné à Sarreguemines.

» L'ennemi a profité de cette manœuvre ; au moyen de ses chemins de fer, il a concentré en arrière de la Sarre des forces considérables, et le 6, à onze heures du matin, il reprenait le terrain de manœuvre de Sarrebrück, défendu pied à pied par la brigade Bastoul. En même temps, à Spickeren, l'action devenait très-chaude, et la division de Lavancoupet faisait des prodiges de valeur ; mais, cédant à des forces supérieures, nous perdions du terrain : déjà les Prussiens occupaient la Brême-d'Or, lorsque la 2ᵉ division, général Bataille, fut rappelée en toute hâte de la route de Sarreguemines ; elle parvint à contenir l'ennemi.

» Les Prussiens, cachés dans les bois sur toute la ligne du champ de bataille, avaient l'avantage du tir. Notre artillerie engagea alors une vive canonnade avec la leur. Là où le combat a été terrible et acharné, c'est au village de

Styring-Wandel, à deux kilomètres de Forbach. Ce village renferme des usines considérables. Il est adossé au talus du chemin de fer de Forbach à Sarrebrück et sépare le bois de la grande route. Pris et repris deux fois, Styring nous est enfin resté. Le feu se ralentissait de part et d'autre, et nous pensions poursuivre les Prussiens jusqu'à Sarrebrück, lorsque vis-à-vis Forbach, à l'endroit où la route de Sarrelouis coupe le bois, un corps de 30,000 hommes au moins se présenta. Il dominait la position complétement. Toutes les troupes avaient été portées sur Styring, ce côté-là se trouvait donc dégarni. Une pluie de bombes et de mitraille tomba sur la ville de Forbach.

» Heureusement que deux escadrons du 12ᵉ dragons, envoyés en reconnaissance de ce côté pendant la bataille, se retranchèrent derrière une chaussée, où ils mirent pied à terre, et, aidés par une compagnie du génie, firent un feu si bien nourri, qu'il contint l'ennemi pendant deux heures et l'empêcha de déborder sur Forbach. Les munitions épuisées, les dragons montèrent à cheval, franchirent le talus, et firent une courte charge, qui fut meurtrière pour nous. Les deux escadrons rentrèrent dans Forbach par le chemin du cimetière. La nuit arrivait ; le canon grondait toujours.

» On sonna la retraite sur le champ de bataille, et le corps d'armée se replia sur Sarreguemines pendant la nuit. En somme, cette journée a été rude pour nos soldats ; on y a perdu du monde, mais ils se sont battus comme des lions contre des forces quadruples.

» Citer les actes de dévouement et les actions d'éclat serait trop long ; je mettrai seulement sous les yeux des lecteurs du *Moniteur universel* une scène attendrissante dont j'ai été un des témoins oculaires.

» Le lieutenant-colonel du 8ᵉ de ligne, blessé grièvement sur le terrain de Spickeren, à 6 kilomètres de Forbach, fut porté à travers du ravin, et sous le feu de l'ennemi, par huit de ses braves soldats : il était neuf heures du soir ; la ville de Forbach se perdait dans l'ombre et formait silhouette sur la clarté de la lune et le feu des batteries prussiennes. Ce groupe approchait du bivouac et marchait lentement. C'est à ce moment que je pris note de cette scène touchante, que le crayon ne saurait reproduire avec trop de chaleur et d'enthousiasme. »

La victoire des Prussiens devait être attribuée, sans doute, à leur grand nombre et à la précipitation avec laquelle ils avaient attaqué nos troupes, qui ne s'y attendaient pas ; mais elle était due aussi, en grande partie, à la tactique employée par eux, tactique qui consistait à se tenir constamment dans les bois et à laisser à l'artillerie le soin de décimer les bataillons français. Une seule fois, leurs tirailleurs avaient osé se montrer à découvert : un colonel de chasseurs vit le mouvement et laissa approcher l'ennemi ; puis, tout à coup, il lança ses hommes au pas de course et la baïonnette en avant. Les premiers rangs des Prussiens furent anéantis en un clin d'œil ; le reste prit la fuite et disparut dans les bois.

Si les Allemands n'avaient pas su apprécier la valeur française, et s'ils n'avaient craint que leurs hommes ne fussent culbutés dans la plaine par les restes du 2ᵉ corps d'armée, ils auraient poursuivi nos troupes l'épée dans les reins et cherché à tirer tout le profit possible de leur victoire. Mais, ainsi que le constatait le correspondant du *Times*, les généraux avaient plus de confiance dans les obus de leurs canons que dans le courage de leurs soldats.

Le dimanche 7 août, un train spécial ramena à Nancy une

partie des blessés de la veille. Ils étaient accompagnés du maréchal de Mac-Mahon, qui venait en toute hâte chercher dans cette ville des vivres pour son corps d'armée, l'ennemi ayant pris tous ses approvisionnements, et ses soldats n'ayant pas mangé depuis vingt-quatre heures. Après avoir déjeuné rapidement au café Boillot, rendez-vous habituel des officiers, il reprit le chemin de la gare, pour rejoindre avec ses vivres, son corps d'armée. Une personne qui le connaissait lui ayant demandé des nouvelles des cuirassiers : « Des cuirassiers, répondit-il, il n'y en a plus ! »

Tout le monde sait comment l'illustre vaincu, qui n'avait plus que 18,000 hommes, poursuivi par un ennemi dont les forces étaient si considérables, parvint à gagner Châlons, à plus de 70 lieues. Cette magnifique retraite fut digne du grand combat qui l'avait précédée.

Ces deux défaites produisirent sur les esprits une impression douloureuse. En présence du péril qui menaçait la France, le Gouvernement prit des mesures énergiques pour soutenir notre valeureuse armée. Le 7, l'Impératrice revint de Saint-Cloud à Paris, et, vers midi, parut une proclamation où la régente adjurait tous les bons citoyens de maintenir l'ordre. Les Chambres se réunirent le 9. Le lendemain, un nouveau ministère fut créé, avec M. Henri Chevreau à l'intérieur et le général de Palikao à la guerre. Des décrets mirent en état de siége Paris et plusieurs départements. Tous les hommes valides de 20 à 35 ans allaient être incorporés dans l'armée active. Les classes de 1869 et de 1870 étaient appelées, et l'ordre était donné d'établir dans toutes les villes la garde nationale sédentaire. Des corps de francs-tireurs s'organisaient ; on travaillait avec ardeur aux fortifications de la capitale.

L'Empereur, prévoyant que la barrière des Vosges serait

bientôt forcée et l'armée de Lorraine débordée, résolut de se porter en arrière, par Metz et Verdun, jusqu'à Châlons, pour barrer au vainqueur la route de Paris. Les troupes se mirent en marche le 7 vers Metz; le corps du maréchal Canrobert, déjà en route pour Nancy, reçut l'ordre de se concentrer de nouveau à Châlons, où devaient le rejoindre les corps Frossard et de Failly, et la réserve générale d'artillerie. Mais un autre plan surgit aussitôt, et, le 8, il fut décidé que les 2ᵉ, 3ᵉ, 4ᵉ corps et la garde formeraient sous Metz les éléments d'une forte armée qui, en s'appuyant sur cette place, manœuvrerait de manière à arrêter celle du prince Frédéric-Charles, ou à se jeter sur le flanc ou les derrières de celle qui pénétrerait par Saverne. Il était enjoint au maréchal Mac-Mahon et au général de Failly de ne pas dépasser Nancy sans instructions de l'Empereur. Enfin le maréchal Canrobert était chargé d'aller constituer à Paris une nouvelle armée.

Le 9, les 2ᵉ, 3ᵉ, 4ᵉ corps et la garde, sous les ordres du maréchal Bazaine, investi de ce commandement depuis le 6, occupèrent les positions de la Nied, à cheval sur cette rivière et sur la Seille; et l'Empereur, en prévision d'une grande bataille, rappela la réserve générale d'artillerie et la division Du Barrail, et les mit également à la disposition du maréchal. Le 10, prévenu par l'Impératrice que la jonction des deux armées prussiennes ne tarderait pas à lui mettre 100,000 hommes sur les bras, il fit venir le maréchal Canrobert de Châlons; l'infanterie de marine devait le suivre, et le corps de Failly eut l'ordre de se diriger sur Metz. Dans la journée du 11, on hâta autant que possible les divers mouvements prescrits. Mais, comme tous les renseignements concordaient à établir la grande supériorité numérique de l'ennemi, l'Empereur crut devoir venir occuper des positions plus rapprochées de Metz, sous le canon des forts de la rive droite de la Moselle.

Le 12, sous la pression du sentiment général et d'après les conseils mêmes de son entourage, l'Empereur, abdiquant tout pouvoir, confia au maréchal Bazaine le commandement suprême de l'armée du Rhin, en plaçant sous sa direction les corps qui allaient se réunir au camp de Châlons, sous les ordres du maréchal de Mac-Mahon. Le maréchal Lebœuf avait donné sa démission de major-général. Le général Decaen était placé à la tête du 3ᵉ corps. Le général Trochu était appelé au commandement du 12ᵉ corps en voie de formation sous Paris ; le général Vinoy, à celui du 13ᵉ, qui s'organisait aussi sous Paris. Les 8ᵉ, 9ᵉ, 10ᵉ et 11ᵉ corps correspondaient aux grands commandements de Paris, Lyon, Toulouse et Alger. D'après les instructions envoyées par le général de Palikao, le maréchal ne devait ni rechercher ni éviter la bataille avant quelques jours, mais veiller à ce que l'ennemi n'attaquât aucun corps isolé à l'état de force inférieure, et ne pas laisser séparer de ses ailes le corps d'armée principal. Vaincu devant Metz, il avait l'ordre de se replier sur Châlons, en emmenant ses blessés et ses malades ; à Châlons, il trouverait une armée de réserve. Si, contre toute probabilité, le sort trahissait de nouveau nos armes, on lutterait encore devant Paris, où se préparait un système formidable de défense.

Pendant ce temps-là, les Allemands se massaient autour de Strasbourg et occupaient toutes les lignes qui aboutissaient à cette ville. L'énergique soldat qui commandait la place, sommé par l'ennemi de se rendre, avait répondu par un fier refus. Peu de jours auparavant, le général Uhrich avait fait afficher cette proclamation :

4

« Aux habitants de Strasbourg.

» Des bruits inquiétants, des paniques ont été répandus ces jours derniers, involontairement ou à dessein, dans notre brave cité. Quelques individus ont osé manifester la pensée que la place se rendrait sans coup férir.

» Nous protestons énergiquement, au nom de la population courageuse et française, contre ces défaillances lâches et criminelles.

» Les remparts sont armés de quatre cents canons. La garnison est composée de onze mille hommes, sans compter la garde nationale sédentaire.

» Si Strasbourg est attaqué, Strasbourg se défendra tant qu'il restera un soldat, un biscuit, une cartouche.

» Les bons peuvent se rassurer; quant aux autres, ils n'ont qu'à s'éloigner.

» Strasbourg, le 10 août 1870.

» Le général de division, commandant supérieur, Uhrich.

» Le préfet du Bas-Rhin, baron Pron. »

Après la retraite du maréchal de Mac-Mahon, le prince royal de Prusse, ne rencontrant plus devant lui aucune troupe régulière qui pût l'arrêter dans sa marche, s'avança résolûment vers le centre de la France. La première ville qu'il trouva fut Saverne, à laquelle il imposa une forte contribution en nature. Ce fut ensuite le tour de Nancy; la prise de possession s'en fit d'une façon étrange. L'*Espérance* racontait ainsi cet événement :

« Hier vendredi, 12 août, à trois heures de l'après-midi, date douloureuse pour nous et nos descendants, quatre soldats prussiens ont pris possession de la ville de Nancy, ancien chef-lieu du département de la Meurthe.

» (Ajoutons bien vite, pour notre honneur, que Nancy, ville ouverte, n'avait plus depuis la veille un seul soldat, et que, dans l'intérêt de la cité, l'autorité municipale avait cru bien faire de recommander le calme.)

» Une demi-heure après, un détachement de 26 Prussiens traversa la ville, et alla prendre possession de la gare, dont le chef fut déclaré prisonnier sur parole.

» M. le maire fut requis de se présenter au chef de l'expédition campé entre Saint-Max et la route d'Essey. Pendant ce temps-là, un officier de uhlans, suivi de deux cavaliers, parcourait la ville au galop pour reconnaître les lieux.

» Au retour de M. le maire, le conseil municipal eut à voter pour les vainqueurs une somme de 50,000 francs avec force rations d'avoine.

» Ils n'avaient point demandé moins de 300,000 francs et trouvaient que 50,000 francs pour une ville dotée de si beaux édifices n'étaient qu'une bagatelle.

» Pour le peu de séjour qu'ils ont fait, les Prussiens n'ont pas perdu leur temps. A la gare notamment, vingt habitants, sous la direction prussienne, ont dû faire beaucoup de dégât en enlevant les rails jusqu'à Maxéville même, où les rails ont été jetés dans le canal.

» Les poteaux télégraphiques ont été aussi abattus.

» Les uhlans étaient au nombre de 150.

» Deux hôtels de Nancy, l'hôtel *Saint-Georges* et celui de la *Chartreuse*, ont été requis de fournir, chacun, à dîner pour 75 personnes.

» Voici le menu : du potage, du bouilli, des légumes, un litre de vin et six cigares par homme.

» On avait, de plus, commandé le café pour ce matin, à quatre heures; mais à quatre heures tous les uhlans avaient disparu. »

Les Prussiens n'étaient pas hommes à lâcher si facilement leur proie. Ils revinrent en nombre, s'installèrent dans la capitale de la Lorraine, et, comme à Saverne, exigèrent d'énormes réquisitions de vivres.

Château-Salins, Charmes, Maubervillers eurent le même sort que Nancy. A Marienthal, non loin de Haguenau, les Allemands mirent le feu à l'église, et mutilèrent à coups de fusil une Madone très-vénérée dans le pays. Toul résista, et le prince dut laisser des troupes devant ses murs. Commercy et Bar-le-Duc furent aussi forcés de fournir des vivres et des fourrages. A Passavant, près de Vitry-le-Français, à la suite d'un engagement, des jeunes gens inoffensifs et des femmes furent tués, assommés et éventrés. Strasbourg, Phalsbourg, Toul et beaucoup d'autres villes allaient être bombardées.

CHAPITRE IV

Combat de Borny. — Bataille de Gravelotte. — Bataille de Saint-Privat.

L'ennemi était près de Metz. Dans la journée du 13 août, le génie fit sauter deux ponts. A deux heures, l'Empereur partit avec le Prince impérial pour Verdun.

Le 14 au matin, le camp fut levé par l'ordre du maréchal Bazaine. Le gros des troupes qui le composaient exécuta un mouvement en arrière ayant pour objectif la route de Metz à Verdun. Des ponts volants jetés en amont et en aval de la place, sur les différents bras de la Moselle, rendirent le passage facile. Dans l'après-midi, on voyait les têtes de colonnes déboucher des routes qui conduisent au fleuve, et s'engager sur les ponts improvisés.

Mais tandis que nos légions soulevaient des nuages de poussière sur la route de Longeville à Verdun, un corps d'armée prussienne très-nombreux marchait sur les positions évacuées par elles. Les premiers coups de fusil retentirent vers midi à notre extrême gauche, c'est-à-dire à Sainte-Barbe, village situé à 11 kilomètres de Metz. Il devint bientôt évident que les Français avaient affaire à forte partie. Notre front de bataille s'étendait de

Sainte-Barbe à Grigy et avait ainsi un développement de trois lieues.

De nouveaux régiments ne cessaient d'arriver aux Allemands, et nos troupes, insuffisantes pour les contenir, se repliaient, en combattant, sur Metz. Mais l'offensive de l'ennemi fut arrêtée longtemps à Servigny-lès-Sainte-Barbe, où il y eut une lutte acharnée. Servigny et Poix, son annexe, sont à neuf kilomètres de la ville. Ces deux villages souffrirent considérablement; pris d'assaut plusieurs fois, ils devinrent en partie la proie des flammes. Noisseville, qui en est à deux kilomètres, fut aussi le théâtre d'un vif engagement et subit le sort de Servigny.

Cependant les masses prussiennes, de plus en plus profondes, débouchaient par les petites vallées de Noisseville et de Lauvalière. Sur ce dernier point, elles furent accueillies par un feu d'artillerie qui leur tua beaucoup de monde, et deux batteries de mitrailleuses, établies à la ferme de Belle-Croix, firent d'effroyables vides dans leurs rangs.

En même temps, le corps du général Ladmirault, déjà sur la Moselle et revenant sur ses pas, accourait par la vallée qu'arrose le ruisseau de Vallières et débouchait dans la plaine au-dessus de Vantoux. Il arrêta court l'ennemi qu'il prit en flanc, tandis que les batteries françaises tonnaient sur lui des hauteurs de Vantoux. Là s'arrêta sa marche en avant, qui avait pour objectif les défenses extérieures de la place. Il luttait toujours avec sang-froid et intrépidité, mais il perdait visiblement du terrain. A Colombey, un combat d'infanterie, auquel se mêla l'artillerie, fut long et terrible. Le château et le parc furent pris et repris trois fois, et restèrent enfin en notre pouvoir. Une partie des forces prussiennes s'était avancée jusqu'aux environs de Borny, et le fort de Queuleu put lui envoyer quelques bordées, à charge de revanche du reste, car le fort reçut une pluie d'obus et de mitraille, qui n'atteignit pas ses défenseurs.

La nuit était venue, et les décharges se succédaient encore. Ce fut même le dernier épisode de la bataille qui fut le plus dramatique et le plus sanglant. Les Allemands tentèrent, à huit heures et demie, un retour offensif vers Serpigny. Là étaient deux batteries françaises, dont ils crurent pouvoir s'emparer. On voyait la silhouette de leurs bataillons se profiler dans l'ombre. Ils marchaient sans bruit, ou plutôt campaient dans la vallée, pour surprendre nos artilleurs. Mais ils ne savaient pas que les vignes du coteau de Servigny cachaient deux de nos régiments d'infanterie, qui, à bonne distance, ouvrirent sur eux un feu épouvantable; puis nos fantassins se précipitèrent à la baïonnette, et en un instant tout fut tué ou dispersé. Il y eut là un véritable carnage.

Nos pertes avaient été cruelles. Le général Decaen, après avoir eu un cheval tué sous lui, avait reçu une balle dans le genou. On estimait à 80,000 hommes l'importance du corps ennemi, commandé par le général Bittenfeld; ce corps était une partie notable de la réserve prussienne. Nous avions eu près de 60,000 hommes en ligne à la fin de l'action, mais plusieurs de nos régiments n'avaient pas donné. Les Allemands avaient eu plus de 8,000 hommes mis hors de combat.

Cette affaire était une belle revanche de nos échecs; elle ajouta à la confiance de nos soldats, qui y virent le gage d'autres succès : elle prouvait qu'on ne prendrait pas Metz comme une bicoque.

Pendant toute la durée du combat, le maréchal Bazaine

se montra d'un sang-froid, d'une audace admirables. Au pas de son cheval, toujours au pas, raconte M. de la Vausserie, il se promenait au milieu des balles : l'escorte qui l'entourait eut deux chevaux tués et deux hommes blessés. Le maréchal était suivi du commandant Samuel, de ses deux neveux et de son nouvel aide de camp, arrivé auprès de lui le matin, le commandant Léopold Magnan. Dès qu'il voyait un pont fortement atteint, il s'y portait, et, s'adressant aux hommes : « Bravo ! disait-il ; vous êtes des braves : vous comprenez ce que sont les balles : ça tue, et voilà tout. »

Il passa près du général Cartagny.

« Eh bien ! Cartagny ? demanda-t-il.

— Ça va bien, maréchal ; je suis blessé dans le côté. »

Plus loin, c'est le général Decaen.

« Je gage que vous êtes blessé, lui dit le maréchal.

— En effet, j'ai une balle dans la jambe. »

Plus loin encore, c'est le 44ᵉ.

« Où est le colonel ?

— Mort, maréchal. »

Le maréchal ôta sa casquette sans rien dire ; une balle lui rasa la tête.

Le 15 août, les Prussiens établirent au Bas-Sablon une batterie volante, dans l'angle formé par l'intersection du chemin de fer de Thionville et de la grande route de Nancy. De là ils envoyèrent plusieurs volées d'obus sur le Sablon et même sur Longeville. Ils savaient que l'Empereur et le Prince impérial avaient couché dans ce dernier village, mais tous deux l'avaient quitté de très-bonne heure.

Cependant le corps du prince Frédéric-Charles franchissait la Moselle entre Navalant et Nancy, à Pont-à-Mousson et à Frouard. Cette opération, qui se faisait sans coup férir, tandis que nos troupes, montant la route de Verdun, se préparaient à occuper le pays haut, en établissant leurs lignes de défense entre Gravelotte et Mars-la-Tour, fut signalée par un triste exploit du général Wredel. Il fit incendier plusieurs maisons du bourg d'Ancy, dont un habitant avait jeté la veille des pierres à ses éclaireurs.

Le même jour, le maréchal Bazaine prit position entre Gravelotte et Mars-la-Tour. Arrêter là encore le mouvement de l'ennemi, tel fut le but d'une grande manœuvre opérée dans la nuit suivante. L'Empereur avait couché chez un cultivateur de Gravelotte, M. Plaisant. Le 16, à quatre heures du matin, il partit avec le Prince impérial. Il traversa Conflans, déjeuna à Etain, et atteignit Verdun sans encombres ; seulement, presque derrière lui, l'avant-garde du général Steinmetz, qui cherchait à rejoindre les princes, arrivait aux environs de Thionville et débouchait à Doncourt. On ne se battit pas sur ce point; mais les officiers ennemis vinrent à Etain, et firent leur collation dans le restaurant même où l'Empereur avait déjeuné.

Le combat eut lieu à dix kilomètres en arrière, à Doncourt-les-Conflans. Le maréchal télégraphiait le soir au ministre de l'intérieur :

« Quartier général, 16 août.

» Ce matin, vers neuf heures, les corps d'armée commandés par le prince Frédéric-Charles ont dirigé une attaque très-vive sur la droite de notre position.

» La division de cavalerie du général Forton et le 2ᵉ corps d'armée commandé par le général Frossard, ont fait bonne contenance.

» Les corps échelonnés à droite et à gauche de Rezonville sont venus successivement prendre part à l'action, qui a duré jusqu'à la nuit tombante.

» L'ennemi avait employé des forces considérables et a essayé à plusieurs reprises des retours offensifs qui ont été vigoureusement repoussés. A la fin de la journée, un nouveau corps d'armée a cherché à déborder notre gauche.

» Nous avons partout maintenu nos positions et infligé à l'ennemi des pertes considérables. Les nôtres sont sérieuses.

» Le général Bataille a été blessé.

» Au plus fort de l'action, un régiment de uhlans a chargé l'état-major du maréchal. Vingt hommes de l'escorte ont été mis hors de combat. Le capitaine qui le commandait a été tué.

» A huit heures du soir, l'ennemi était refoulé sur toute la ligne.

» On estime à 120,000 hommes le chiffre des troupes engagées. »

L'auteur de l'*Histoire anecdotique de la guerre 1870-1871* a recueilli sur la journée de Gravelotte des détails très-intéressants. Voici ce qu'on lui écrivait :

« La cavalerie prussienne se jeta avec fureur sur les premières colonnes de l'armée française et y produisit un certain désordre ; mais le moment de trouble ne fut pas de longue durée ; l'armée entière fut bientôt sous les armes, et les deux lignes de bataille se formèrent avec un ensemble merveilleux ; on eût dit, en voyant ces masses se mouvoir avec cette précision et cette régularité, que tous les soldats qui les composaient étaient soudés ensemble. Le corps d'armée du général Canrobert tenait l'aile droite, le corps Frossard l'aile gauche.

» Pendant les premiers mouvements, les zouaves, les grenadiers et les voltigeurs de la garde, campés devant Gravelotte, traversaient le village au pas gymnastique.

» La garde tout entière, partagée en deux parties, à l'exception pourtant de l'artillerie, qui se maintint à l'aile gauche pendant toute la journée, se massa rapidement derrière les autres en échelons.

» Un feu nourri éclata immédiatement sur tout le front, qui s'étendait sur une longueur de deux lieues environ.

» Vous n'avez jamais vu un endroit plus incroyablement disposé par la nature pour une immense et horrible bataille.

» Il est traversé au milieu par la route de Paris, route bordée de chaque côté d'immenses peupliers.

» Ce ne sont que des séries de ravins, des collines énormes couvertes à l'arrière, du côté des Prussiens, par des bois où ils pouvaient facilement s'abriter ; à gauche et à droite, il y avait également des bois, un surtout, à l'extrême gauche, pour lequel on a craint pendant une partie de la journée.

» L'armée française, après s'être massée au premier plan dès le début, installe ses batteries sur les collines.

» Malheureusement, des batteries prussiennes placées sur les hauteurs situées à 15 ou 1,800 mètres, immédiatement en face de nos canons, lance un feu nourri qui tue nos servants.

» Des charges de cavalerie terribles se lancent ensuite sur les batteries et s'efforcent d'enlever les pièces.

» C'est pendant une heure un horrible carnage.

» Des forces considérables se logent devant le bois situé à gauche, et la réserve se masse dans les vallons immédiatement au bas et à l'arrière de notre front de bataille.

» L'action augmente d'intensité à tout instant. Les détonations ne s'arrêtent pendant quelques minutes que pour reprendre de plus belle et faire entendre leur formidable voix.

» Peu à peu le combat se déplace et se porte au centre, immédiatement à gauche de la route de Gravelotte à Thionville.

» Pendant toute la journée, il se fait là, de chaque côté, un carnage épouvantable.

» L'artillerie de la garde et la garde tout entière donnent. Le bois est évité; on le dépasse sans encombre, et la ligne s'étend à l'aile gauche pendant que le feu cesse presque à droite.

» A mesure qu'un régiment est obligé de se replier, d'autres le remplacent. Nos soldats font des prodiges de valeur et s'acharnent d'autant plus que l'ennemi se montre le plus rarement qu'il peut.

» A un certain moment, la 5e batterie du 8e est chargée par deux gros pelotons de dragons et de uhlans, il n'y a plus de servants, un artilleur couché près de sa pièce a eu le temps de faire feu deux fois de suite.

» Les cavaliers se troublent et reculent, mais bientôt ils reviennent avec plus de fureur. Il n'y a plus qu'un chef d'escadron sur la batterie. Il reçoit l'ennemi debout, avec un revolver dans chaque main, et vingt chasseurs à pied, commandés par le sous-lieutenant Grandjean, envoient un feu tellement nourri aux dragons et aux uhlans, qu'ils les font reculer et parviennent à sauver les pièces.

» Il est des batteries qui ont été prises et reprises deux fois. D'autres ont été sauvées par l'énergie de leurs conducteurs.

» Les cavaliers prussiens ne cherchaient qu'à leur couper le bras gauche à coups de sabre pour leur faire lâcher les rênes.

» Les grenadiers de la garde ont été fortement entamés.

» Parmi les régiments qui ont encore horriblement souffert, citons le 8e, le 26e, le 66e et le 67e.

» Au 93e, 40 officiers ont été tués.

» Dans une compagnie du 9e chasseurs à pied, il n'est revenu que 40 hommes.

» Partout les officiers servaient de point de mire aux Prussiens, et partout on les décimait.

» A notre extrême droite, la cavalerie prussienne voulut un instant tourner le 4e corps; c'est alors que le général Ladmirault, trouvant l'occasion favorable pour employer sa nombreuse cavalerie, fit charger les escadrons prussiens en les prenant par le flanc. Ceux-ci, attaqués à l'improviste, reçurent la charge de pied ferme et avec une remarquable énergie.

» La rencontre fut terrible : sabres, lances, mousquetons, revolvers, toutes les armes agissant à la fois : c'était une mêlée inextricable, au point que, pendant un moment, au milieu du tourbillon de poussière qui obscurcissait l'espace, amis et ennemis se trouvaient confondus sans se reconnaître ; et, quand on sonna le ralliement, chacun cherchait les siens au milieu de la confusion.

» Il était huit heures quand la canonnade cessa : elle durait depuis dix heures du matin. Nos troupes passèrent la nuit sur le lieu du combat, tandis que les Prussiens se retiraient de nouveau dans les bois.

» Après les émotions d'une journée aussi agitée, quelle étrange nuit on doit passer ! »

A la fin de la journée, nous étions maîtres des positions précédemment occupées par l'ennemi. Nous avions eu à lutter contre 150,000 hommes, et non contre 120,000, ainsi que l'avait annoncé le maréchal, à qui des informations exactes faisaient défaut au moment où il le télégraphiait.

Pendant cette bataille, qu'il ignorait encore, l'Empereur recevait le maire et le sous-préfet de Verdun, et se rendait à la gare, avec le Prince impérial, presque sans escorte. Là il pria qu'on lui formât un train. « Sire, dit le chef de gare, je n'ai ici qu'un wagon de troisième classe. — Je m'en contenterai, » répondit Napoléon. Il refusa même qu'on mît sur les planches nues du wagon un des coussins de sa voiture, mais il demanda un peu de vin. Le chef de gare nettoya le verre dont il venait de se servir pour son déjeuner et l'offrit. Le Prince impérial, très-fatigué, désira se laver le visage et les mains ; le chef de gare ne put que lui donner le même verre avec un mouchoir. L'Empereur et son fils ne parurent pas s'apercevoir de cette simplicité extrême. Une machine fut envoyée en avant pour assurer la marche du train jusqu'à Mourmelon : le 17, avant le jour, l'Empereur arriva au camp de Châlons. Il y rencontra le maréchal Mac-Mahon, qui achevait de reformer son corps d'armée.

C'est dans les plaines de Châlons que le maréchal avait

rallié ses troupes après la défaite de Reichshoffen. Les renforts considérables qui lui furent envoyés de Paris, lui permirent bientôt de se préparer à de nouveaux combats.

Les communications entre Metz et Châlons par Verdun sont établies par une route qui, en sortant de Metz, se dirige vers le plateau de Gravelotte. A ce point, le chemin se bifurque. Une des deux voies passe par Doncourt et Etain, l'autre par Vionville et Fresnes. Elles se réunissent de nouveau à Verdun pour continuer sur Châlons. Le gros des forces du maréchal Bazaine était établi sur le plateau de Gravelotte, et de là il dominait les deux routes. Le combat avait donc été engagé dans le triangle qui a pour base Doncourt et Vionville, et dont le sommet est placé précisément à Gravelotte, à une distance de Metz de 5 kilomètres environ. En rejetant les Prussiens au sud, sur la Moselle, le maréchal avait dégagé les deux routes qui lui permettaient de ramener son armée sur Châlons. Au début de la campagne, aucun avantage ne pouvait avoir plus d'importance.

Le lendemain, 17, il y eut encore près de Gravelotte quelques combats d'arrière-garde. Dans l'après-midi, devant Metz, quatre batteries d'artillerie se mirent à bombarder le fort Queuleu. Les canons français ripostèrent, mais faiblement, car l'ennemi tirait d'une grande distance, et presque tous les boulets et les obus tombaient dans la Seille, affluent de la Moselle. On supposa, à Metz, que ce n'était là qu'une fausse attaque, destinée à détourner l'attention de nos troupes et à favoriser un mouvement quelconque pendant la nuit. Le feu cessa au bout d'une heure et demie.

De même que l'Empereur avait confié au maréchal Bazaine le commandement en chef de l'armée du Rhin, par un décret daté de Châlons, 17 août, il plaça le général Trochu à la tête de toutes les troupes chargées de pourvoir à la défense de la capitale. Le général Trochu fit connaître cette décision, le 18, par une proclamation adressée aux habitants de Paris.

Après avoir vaincu les Prussiens le 14 et le 16, l'armée entière s'attendait à marcher en avant et à dessiner enfin sa retraite par la route de Verdun ; mais le maréchal Bazaine en décida autrement.

Pendant la journée du 17, l'armée s'établit en bataille sur les crêtes qui forment à l'ouest la berge du vallon de Mouveaux. Sa gauche s'appuyait au ravin de Rozérieulles ; sa droite s'étendait jusqu'au delà du village de Saint-Privat, point culminant entre l'Orne et la Moselle. C'est en arrière de Saint-Privat que se détache du plateau le contre-fort de Saint-Quentin, encadré par les vallons de Mouveaux et de Saulny. Il était de la plus haute importance de demeurer maître de la naissance de ce contre-fort, car le mouvement de concentration que préparait alors le maréchal allait ramener l'armée sur les hauteurs de Saint-Quentin, et la possibilité de se porter vers le nord était subordonnée à la possession du seul débouché sur le plateau, qui allait rester entre nos mains. Rien dans les dispositions ordonnées par le maréchal n'annonçait la résolution de défendre à outrance les positions occupées par sa droite. Sa conduite, suivant le général de Rivière, ne s'explique que par la pensée, déjà arrêtée dans son esprit, de ne pas quitter Metz. Il y avait dans les conseils de l'Empereur, deux courants opposés : l'un tendant à la retraite sur Châlons, où l'on devait former un grand centre de résistance ; l'autre voulant l'immobilisation de l'armée sous Metz, pour y faire un foyer de résistance qui concourrait avec un autre foyer organisé à Paris. D'après le commandant Magnan, l'Empereur approuvait, d'accord avec le duc de Magenta, le projet du maréchal de s'élever par le nord et de se rabattre sur la ligne de la Meuse.

Quoi qu'il en soit, nos soldats allaient renouveler les prodiges du 14 et du 16.

Le prince Frédéric-Charles et Steinmetz avaient réussi à opérer le 17 leur jonction définitive. Le 18, dans la matinée, nos troupes aperçurent les masses noires de l'ennemi qui descendaient de tous les bois environnants et s'avançaient en bon ordre. L'attaque commença vers onze heures, et se prolongea toute la journée par une série d'assauts dont l'intensité allait toujours en croissant vers la droite. Comme tout l'indiquait, les efforts accumulés des Prussiens se portèrent sur cette aile, qui seule pouvait être débordée et entourée. Trois corps d'armée, s'élevant ensemble à 90,000 hommes, munis de 280 bouches à feu, se réunirent pour accabler le 6ᵉ corps, qui n'avait à leur opposer que 20,000 hommes, 78 bouches à feu mal approvisionnées, et pas une seule batterie de mitrailleuses, sur un terrain très-propice à cette arme nouvelle. La résistance du maréchal Canrobert fut héroïque ; elle aurait triomphé des efforts de l'ennemi, si la garde et l'artillerie de réserve avaient été envoyées à temps à son secours.

Devant l'intrépidité des troupes du maréchal, qu'électrisait son exemple, l'ennemi, étonné, hésita un instant ; le général de Moltke s'en aperçut ; il mit lui-même l'épée à la main et lança les Poméraniens à l'assaut des hauteurs sur lesquelles pleuvaient inutilement les obus.

Nos soldats résistaient toujours ; mais, à la nuit tombante, ils furent forcés de battre en retraite, écrasés par le nombre et décimés par une artillerie formidable. Saint-Privat et

Sainte-Marie-aux-Chênes, les deux clefs de la position, étaient pris ; la bataille était perdue.

Les Prussiens cependant ne dépassèrent pas Amanvilliers, et le 2ᵉ et le 3ᵉ corps de l'armée française conservèrent pendant la nuit les positions où ils s'étaient maintenus tout le jour devant Gravelotte ; ces deux corps ne se retirèrent que le lendemain pour aller camper dans les vignes derrière les forts de Plappeville et de Saint-Quentin.

Une personne qui avait assisté à la bataille, la racontait ainsi :

« Le matin, nos soldats eurent sous les yeux un spectacle étrange. Tandis qu'ils occupaient, l'arme au pied, les hauteurs de Saint-Privat et de Sainte-Marie-aux-Chênes, ne voyant rien devant eux qu'un vallon, ils aperçurent soudain une sorte de frétillement sous le taillis ; la base des arbres devint plus noire, puis des milliers de points brillants apparurent. C'était l'ennemi, qui avait passé deux jours et deux nuits dans la forêt de Moyeuvres, et qui tout à coup en sortait. Mais le maréchal s'était mis à temps en position.

» A onze heures précises, des deux côtés, les lignes se couvraient de feux : canons, mitrailleuses, fusils, tout donnait. Les obus des Prussiens pleuvaient dans nos rangs et y causaient d'affreux ravages ; comme à Borny, nos mitrailleuses couchaient les hommes par rangs. Les vivants prenaient la place des morts. Jamais on ne s'était tué avec autant de rage ; la nuit seule fit cesser la fusillade et les décharges de l'artillerie. Nous n'avions pas perdu un pouce de terrain, tandis que l'ennemi, dès sept heures, ne se devinait plus qu'au jugé. Il s'était replié, silencieux et sombre, dans la forêt de Moyeuvres. C'était encore une victoire, mais, de part et d'autre, les pertes étaient énormes. Le lendemain, à cinq heures, nos soldats, toujours placés sur les mêmes points, de Sainte-Marie-aux-Chênes à Privat, sondèrent la forêt à coups de canon ; l'ennemi ne répondit pas. Des milliers de cadavres prussiens jonchaient le sol ; une division tout entière, disait-on, avait été détruite par le canon de Canrobert. Ce dut être, au milieu de ce pays tourmenté, une scène horrible de carnage. »

De son côté, un soldat écrivait :

« Vous avez dû apprendre notre bataille du 18. Quels massacres encore, depuis dix heures jusqu'à la nuit !

» Les Prussiens occupaient les bois depuis les hauteurs qui dominent Briey jusqu'au chemin de fer qui longe la Moselle. Le maréchal était revenu ventre à terre par la route de Woippy ; on disait au camp que nous aurions une nouvelle armée à écraser, armée toute fraîche qui arrivait de Trèves et voulait nous rejeter sur le prince Frédéric-Charles.

» L'ennemi souffre plus que nous. Il a beau rançonner l'habitant, pas de pain pour tout ce monde ; plus de vin, plus de secours aux blessés, rien aux malades dont le nombre s'accroît chaque jour. Ils n'ont pas de tentes, et leurs pauvres diables de la landwehr tremblent déjà la fièvre ou courent aux ruisseaux pour laver leurs yeux rouges.

» Aussi comme ils ont hâte d'en finir !

» A onze heures, ils nous débordaient. Nous avions cru un moment qu'ils nous coupaient à gauche par la route d'Etain. Leur artillerie sous bois nous mitrailllait à bout portant ; mon pauvre bon G..., qui était derrière moi, à gauche du deuxième rang, a reçu trois balles en pleine poitrine.

» Et ce jour là leurs projectiles portaient bien. Ils

tiraient de haut, dans le fourré, et nous n'avions plus qu'une ressource : trouver un chemin pour les prendre en flanc et les déloger.

» Mon commandant, le vieux brave homme que vous savez, avait du plomb dans la cuisse. Il pâlissait à vue d'œil. Je l'ai embrassé, le soir, à Saint-Privat, avec une joie d'enfant. Il n'y a pas eu moyen de l'envoyer à l'ambulance.

» — Ça me connaît, disait-il ; la balle a passé dans le gras.

» Un homme maigre comme un clou.

» Un grand mouchoir bleu tordu autour de la cuisse blessée, c'était tout le pansement. Le vieux grognard s'est traîné ainsi jusqu'à la nuit.

» A une heure nous perdions pied ; on eût dit qu'à chaque instant des troupes fraîches arrivaient à l'ennemi. Mais, à gauche, sous le petit village d'Amanvilliers, les chasseurs sonnaient la charge. Nos hommes reprirent courage en entendant sonner le clairon. Le canon tonna dans les pins qui couronnaient la première carrière. Canrobert arrivait avec ses réserves, Bourbaki allait soutenir le mouvement.

» Nous avions une première fois refoulé l'ennemi ; nos tirailleurs faisaient un feu du diable par les brèches fumantes du bois où nous étions adossés à notre arrivée. Le régiment monta au pas de course l'unique rue du village, un chemin rocailleux qui tourne brusquement vers les secondes carrières, à droite de l'église et du cimetière.

» Ce mouvement a été si rapide que nous n'y avons perdu que peu d'hommes. Encore en sauverons-nous trois ou quatre qui ont pu se traîner jusqu'aux bouquets de chênes entre Champenon et Lorry.

» De notre nouvelle position, au-dessus des premières carrières, nous apercevions dans la vallée les grenadiers qui débusquaient l'ennemi des taillis qui flambaient à gauche du chemin creux, et, presque sous nos pieds, deux batteries qui s'abritaient derrière les tas de moellons.

» En face, entre Saint-Privat et Roncourt, l'ennemi se reformait presque à découvert, sur le plateau que limitent à droite, les bois de Jaumont. Deux petites fermes flambaient sur la lisière de ces bois ; les paysans avaient tout abandonné pour dégringoler les pentes raides et passer sur l'autre rive de la Moselle. Ce soir-là, nous avons dû enfoncer les portes pour mettre quelques-uns de nos blessés à l'abri de l'humidité.

» La bataille recommençait plus furieuse encore qu'à onze heures et midi. Mais nous n'avions plus rien à craindre du côté de Sainte-Marie-aux-Chênes, plus rien à craindre du côté de Briey. Nous tenions le fameux demi-cercle sous bois, à notre tour ; seulement nous le tenions du sud à l'ouest, et la route de Metz était solidement occupée.

» Le maréchal s'était porté à gauche, il avait voulu diriger le mouvement ; encore un effort et nous allions nous masser au bord du ravin ; les lanciers blancs venaient de se faire larder de coups de baïonnette, à la croisée d'Amanvilliers ; nos grenadiers montaient tambour battant vers le plateau, sans brûler une cartouche ; c'était magnifique. J'avais mon sabre sous le bras gauche, comme un homme qui n'est plus là pour combattre, mais pour voir.

» L'incendie se propageait au nord. Il nous venait au visage des bouffées de vent chaud, tandis que le soleil, qui se couchait derrière les bois de l'Orne, embrasait le ciel et nous forçait de porter la main à la visière du képi.

» Ce fut alors que se fit le grand mouvement de gauche à droite, par le ravin et les carrières.

» Je n'ai pas vu ce qui s'est passé là-bas, à droite, sous les roches, mais deux camarades du brave 10ᵉ racontaient ce matin que jamais on ne se figurerait boucherie pareille.

» Si nous avions eu 15 ou 20,000 hommes seulement et trente canons au nord-est, entre le bois de Silvange et Bonvaux, 10 ou 12,000 prisonniers restaient entre nos mains.

» N'importe, c'est rude, et je vous jure qu'il a fallu serrer les rangs.

» Nous avons deux ambulances ici, dans le petit moulin de...

» Et nous savons ce qui nous attend, pour demain, de l'autre côté de la rivière.

» Quand j'aurai le temps, je vous enverrai une liste nécrologique qui fera faire de singulières réflexions *aux amateurs*.

» Bon courage ! »

Le maréchal Lebœuf et les généraux de Ladmirault, Bourbaki et Frossard, entendus comme témoins par le 1ᵉʳ conseil de guerre chargé de juger le maréchal Bazaine, à Trianon, s'accordèrent d'une façon presque complète en ce qui concerne le combat de Borny. Engagé sur la rive droite de la Moselle pendant l'opération du passage de l'armée sur la rive gauche, il fut le résultat de dispositions défectueuses dont la responsabilité ne pouvait incomber exclusivement au commandant en chef.

Au lieu d'attendre ensuite au 16, le commandant en chef pouvait-il livrer bataille dès le 15? Sur cette question les avis furent partagés. D'après le général Bourbaki, les corps qui étaient déjà sur la rive gauche de la Moselle le 14, auraient pu reprendre immédiatement la marche sur Verdun ; ceux qui se trouvaient encore sur la rive droite, auraient utilement commencé leur mouvement de passage immédiatement après le combat, et, de la sorte, on se serait avancé dans la direction de Verdun avant que l'ennemi eût eu le temps de se porter en nombre sur la rive gauche.

Selon le général de Ladmirault, au contraire, le fatal retard occasionné par la nécessité de combattre, le 14, sur la rive droite, ne pouvait qu'influer d'une manière décisive sur la journée du 15. Cette journée devait être consacrée uniquement au rassemblement des corps. Il fallait que ceux de la rive gauche attendissent ceux de la rive droite, dont la marche, ralentie par les *impedimenta*, ne pouvait être plus rapide qu'elle ne le fut effectivement. De là, la nécessité d'attendre au 16 pour ne reprendre le trajet sur Verdun qu'au moment où tous les corps seraient entrés en ligne.

Sur le point suivant : Etait-il possible, après la journée du 16, de poursuivre la marche sur Verdun le 17 août, au lieu d'attendre l'attaque du 18 dans nos lignes? Il sembla y avoir, parmi les généraux chefs de corps, unanimité complète dans le sens de l'affirmative.

On devrait donc considérer comme acquis à l'histoire qu'en ne poursuivant pas, le 17, son succès du 16, le maréchal Bazaine commit une faute, si, d'autre part, les affirmations du maréchal Canrobert relativement à la pénurie des vivres ne venaient contrebalancer cette opinion.

Enfin, de la discussion consacrée à la bataille du 18, il parut résulter qu'au maréchal commandant en chef seul devait être attribuée l'inertie des réserves, dont l'emploi, ce jour-là, eût été d'un secours inappréciable.

Le 19, le 20 et le 21, le maréchal Bazaine s'occupa à établir l'armée sur le terrain, à la reformer et à reconstituer ses approvisionnements en munitions d'artillerie. Grâce à l'activité déployée par l'arsenal de Metz, et à la découverte d'un convoi de quatre millions de cartouches qui était demeuré confondu dans la gare avec du matériel de toute sorte, elle se trouva, à la date du 21, presque aussi bien pourvue qu'au commencement de la campagne. Le maréchal l'avait installée autour de la place, sous la protection des forts; mais il dut, paraît-il, renoncer, pour le moment, à traverser les lignes prussiennes afin de marcher sur Châlons. Les Allemands se rapprochaient de la ville, et ils allaient bientôt en avoir achevé l'investissement.

Une dépêche de Mézières, en date du 24, représentait la situation de l'armée comme bonne. Les Prussiens avaient subi de grandes pertes dans les combats du 14, du 16 et du 18; ils étaient dans l'impossibilité de poursuivre leur marche en avant, ce qui donnait à la France le temps d'organiser et de compléter ses armements. Le maréchal avait reçu tous les approvisionnements, en vivres et en munitions, qu'il attendait depuis plusieurs jours, et qui n'avaient pu jusque-là dépasser Sedan, à cause des éclaireurs.

CHAPITRE V

Préparatifs de défense à Paris. — Levée du camp de Châlons. — Combats de Noisseville. — Servigny — Sainte-Barbe. — Combat de Carignan. — Bataille de Sedan. — Captivité de l'Empereur. — Capitulation de Sedan.

Un comité de défense avait été créé à Paris, et il déployait une activité prodigieuse. Le 28 août, 2,500 pièces de canon étaient en place ; les Allemands pouvaient venir. L'ennemi, en effet, continuait d'avancer sur la capitale ; M. Chevreau, ministre de l'intérieur, l'avait annoncé à la Chambre, dans la séance du 26, et le général Trochu agissait comme si le prince Charles était déjà devant les forts. Loin de s'endormir dans une imprudente sécurité, il voyait les Prussiens partout, et sur tous les points il était prêt à faire face. Dans l'attente d'un siége, il venait d'ordonner l'éloignement d'un certain nombre de parasites et de prendre des mesures sévères à l'égard de beaucoup de gens suspects. Sur son avis, le comité de défense avait décidé que toutes les récoltes des fermes de Seine-et-Marne, des environs de la place, seraient brûlées en temps opportun, afin de ne pas servir d'alimentation aux envahisseurs. Cette décision hâtait l'arrivée des agriculteurs, qui venaient mettre en sûreté ce qu'ils possédaient en le vendant soit à la ville, soit au ministère de l'agriculture et du commerce. Non moins actif que le général Trochu, le ministre de la guerre achevait de former une nouvelle armée, et obtenait des députés le vote d'une loi aux termes de laquelle les bataillons de la garde nationale mobile pouvaient être appelés à faire partie de l'armée active durant la guerre.

La résistance de Paris, si l'ennemi se présentait devant ses murs, serait, on n'en doutait pas, énergique. Au sentiment patriotique se joignait chez tout le monde l'horreur qu'inspirait la conduite des Allemands qui rançonnaient les populations et usaient de procédés contraires aux lois de la guerre et surtout à celles de l'humanité. Devant Strasbourg, ils avaient inventé un supplice cruel. Les jeunes gens de l'Alsace étaient requis pour creuser les tranchées ; le vainqueur les courbait au travail, et, s'ils s'y refusaient, il les couchait en joue. Les projectiles meurtriers, lancés du haut des remparts, atteignaient ces Français : les Prussiens nous obligeaient à tuer les nôtres. De pareils actes n'étaient pas dignes de notre époque et soulevaient l'indignation.

En province, la garde nationale s'organisait avec une activité fébrile ; les anciens soldats, rappelés sous les drapeaux, s'empressaient de rejoindre leurs régiments, et, le 21 août, le maréchal de Mac-Mahon put lever le camp de Châlons et marcher en avant, avec près de 140,000 hommes. Il se rendit à Reims. Qu'allait-il faire ? Irait-il au nord des Ardennes, par Réthel et Montmédy, opérer sa jonction avec le maréchal Bazaine, ou bien s'installerait-il fortement sous Reims, pour barrer le passage au prince royal de Prusse et couvrir ainsi la seule route que ce prince pouvait prendre pour se porter sur Paris ? Ces divers plans furent discutés longuement à Châlons et à Paris, entre l'Empereur, le maréchal de Mac-Mahon et le ministre de la guerre. Enfin il fut décidé que l'armée française atteindrait la ligne des fortifications du Nord, afin de tomber sur les derrières des armées prussiennes et de les placer entre deux feux. On pensait qu'elles ne pourraient résister à cette double attaque et qu'elles seraient forcées de se replier précipitamment. Les deux maréchaux français avec leurs troupes réunies, écraseraient ensuite l'armée du prince royal, à laquelle elles enlèveraient tout moyen de retour en arrière.

Pour mener à bonne fin ce plan hardi, il aurait fallu avancer à marches forcées sur Metz, et laisser loin derrière soi les troupes du prince Charles. Mais, ainsi que le fait remarquer M. de la Vausserie, le maréchal de Mac-Mahon, avec une armée de nouvelle formation, enserré de toutes parts par les Prussiens, qui avaient l'œil sur lui, ne pouvait espérer arriver à Metz sans être atteint par les différents corps qui battaient le pays où il allait s'aventurer ; il n'avait d'ailleurs que quelques jours d'avance sur le prince royal, et si celui-ci le gagnait de vitesse, le maréchal devait nécessairement se trouver acculé à la frontière belge. C'est malheureusement ce qui arriva.

Averti du mouvement du maréchal Mac-Mahon, le prince Charles avait aussitôt suspendu sa marche sur Paris et s'était dirigé vers le nord, afin d'appuyer les autres armées prussiennes. Une grande bataille était donc imminente entre Montmédy, Mézières, Thionville, Vouziers, Réthel et Châlons, et si la fortune ne nous était pas favorable, Paris aurait de nouveau entre ses mains le sort de la France. En prévision de cette éventualité, la capitale mettait à profit le temps sur lequel elle ne croyait pas pouvoir compter la veille, poursuivant avec ardeur ses préparatifs de défense :

100,000 gardes mobiles allaient être appelés dans ses murs, la garde nationale sédentaire y était réorganisée ; de toutes parts, le pays s'armait.

Voici quelle était la situation vers le 28 août. L'armée du maréchal Mac-Mahon, sur la rive gauche de la Meuse, s'était portée, en quittant Châlons, vers Vouziers, puis vers Mézières. L'armée du prince royal, qui s'attendait d'abord à rencontrer les Français à Châlons, surprise de ce mouvement qui la menait en flanc et plus tard en arrière, s'avançait, par la vallée de la Suippe, à la poursuite du maréchal, toujours sur la rive gauche de la Meuse. Sous Metz, une conférence avait été tenue, le 26, au château de Grimont, et il avait été décidé par le maréchal Bazaine et par ses lieutenants qu'on resterait sous le canon de la place. Le même jour, l'armée passa la Moselle et alla se masser, sur la rive droite, en avant des forts Saint-Julien et du Queuleu : ce ne fut qu'une démonstration, et nullement une tentative sérieuse pour percer les lignes ennemies. Le 29, des ordres furent donnés dans le but de recommencer le lendemain l'opération projetée pour le 26. Le 30, toute l'armée était réunie, dans l'après-midi, sur les plateaux. Le maréchal eut alors l'idée de faire établir sur la route de Sainte-Barbe une batterie de gros calibre pour contre-battre l'artillerie prussienne. On alla chercher les pièces au fort Saint-Julien, et l'on construisit aussi vite que possible un épaulement destiné à les couvrir. Pendant ce temps-là, les Allemands occupaient des points que, depuis le 26, ils avaient puissamment armés. Enfin, à quatre heures, le combat fut engagé. Il en coûta beaucoup aux Français pour s'emparer des positions de Nouilly et de Noisseville ; le maréchal Lebœuf prit Servigny, mais le soir il fut repris par l'ennemi. Nos soldats couchèrent sur le champ de bataille. Le 1ᵉʳ septembre, le combat recommença avec acharnement ; mais le commandant en chef ayant reçu du maréchal Lebœuf un billet l'informant que, sa droite étant découverte, il était obligé de se retirer, les troupes regagnèrent leurs quartiers. A ce moment, le maréchal de Mac-Mahon, accouru, au travers de tous les périls, au secours de son chef, succombait sous les efforts réunis des armées ennemies.

Le duc de Magenta s'était décidé à frapper un coup d'une étonnante hardiesse. Il s'agissait de tomber sur le prince Frédéric-Charles avant l'arrivée du prince royal.

Le 29, l'armée du maréchal occupait les hauteurs boisées de Stone et de Mont-Dieu. Le soir, elle se partagea en deux corps : le plus considérable marcha sur Mouzon, tandis que deux divisions du général de Failly avaient l'ordre de se maintenir quelques heures encore dans le bois de Stone, et d'atteindre ensuite les bords de la Meuse, à Beaumont et à Letaune. La route de Stone à Beaumont est large et belle; celle de Stone à Mouzon, au contraire, suit les coteaux et est étroitement tracée. Les Prussiens devaient naturellement penser que la Meuse serait passée à Beaumont, et la vue des deux divisions laissées à Mont-Dieu les entretenait dans cette erreur. Mac-Mahon trompa leurs prévisions en suivant la mauvaise route.

Le 30, le maréchal était à Carignan. De là il visait à la fois Montmédy et Sedan. Il fait une feinte sur Montmédy; ses troupes semblent vouloir accomplir leur jonction avec Bazaine. Aussitôt la plus grande partie de l'armée prussienne s'avance et se déploie. Dès huit heures, la bataille s'engage pour durer pendant toute la journée. La victoire paraît d'abord flotter indécise. Cependant nos soldats reculent; de temps en temps ils s'arrêtent et font face à l'ennemi. Puis la marche reprend, assez lente pour que nos régiments ne soient pas attardés, assez vive pour que les Prussiens croient à une retraite et nous suivent jusqu'à Sedan : car c'est là que Mac-Mahon veut attirer les Allemands.

Mais il y une ombre à ce tableau. Les divisions de Failly, surprises à Mouzon par une partie des troupes du prince royal, ne peuvent refouler à elles seules les forces énormes qui les accablent ; tout en luttant vigoureusement, elles se replient, et le maréchal, pour couvrir Sedan, doit dégarnir son front et faire repasser la Meuse à quelques-uns de ses régiments. Ainsi soutenues, les deux divisions se raffermissent, et, pendant quatre heures, résistent au choc du prince Charles. Vers six heures, le maréchal, jugeant qu'aucun intérêt ne s'oppose à la marche des Prussiens sur Beaumont, ordonne la retraite, et nos soldats, continuant de combattre et faisant de larges trouées dans les rangs de l'ennemi, gagnent la route de Mouzon et de Sedan.

C'est là, sur le pont de Mouzon, que se place un des plus beaux épisodes de ces luttes si fertiles en actes d'héroïsme et de dévouement. L'infanterie de marine chargée de protéger la retraite, arrêta pendant plus d'une heure des assaillants dix fois supérieurs en nombre ; puis, quand la situation fut sauvée, elle traversa fièrement le pont, dans un ordre parfait.

Quelques milliers d'Allemands occupèrent Mouzon, et installèrent à l'entrée de la ville une batterie de canons et d'obusiers qui la réduisit en cendres. L'histoire flétrira cette vengeance au moins inutile, exercée sur des gens sans défense, et non sur l'armée, car l'armée était déjà loin.

Un autre épisode est raconté par M. de la Vausserie, et nous le lui empruntons bien volontiers :

« Après l'affaire de Mouzon, une centaine de soldats français qui n'avaient pu suivre leurs corps entrent à Pouru-Saint-Remy, et sont bientôt suivis par une dizaine de uhlans. Nos troupiers se déploient en tirailleurs et mettent en fuite les éclaireurs ennemis. Mais ceux-ci reviennent peu après en grand nombre, et les soldats français se sauvent dans les bois. Les Prussiens se répandent dans le village ; et, furieux de n'y rencontrer que des vieillards, des femmes et des enfants, ils emmènent avec eux jusqu'à Brevilly le frère directeur de l'école chrétienne et lui annoncent qu'ils vont livrer le village aux flammes. « On a tiré sur nous, disait le commandant avec colère, le village sera abattu ; nous allons le détruire. »

» Le frère directeur, loin de se laisser intimider, protesta avec énergie : « Les habitants n'ont pas tiré sur vos hommes, dit-il en bon allemand. Ils sont innocents et irresponsables de l'attaque des derniers soldats du 5ᵉ corps contre les uhlans ; et comme ces soldats ont été faits prisonniers, le droit de la guerre est satisfait. L'honneur de votre drapeau vous défend d'incendier les habitations de nos paisibles et inoffensifs habitants. Si vous commettez ce crime, vous aurez à rendre compte devant Dieu et devant l'histoire, et vous serez maudits par tous les hommes de la terre. Pensez que la fortune des armes peut vous être défavorable un jour ; ce qui fait la grandeur de la victoire, c'est la modération après le combat et le respect des vaincus. »

» Le Frère se porta garant pour toute la population et eut le bonheur de lui épargner le pillage et l'incendie ; il sauva même deux habitants qui avaient été condamnés à mort, et qu'on allait exécuter. Puis il se reposa de ses nobles exploits en soignant les Français et les Prussiens recueillis dans l'ambulance qu'il dirigeait. »

La journée du 30 était restée indécise ; le 31, dès l'aurore, le combat recommença, acharné, sanglant, et, cette fois, sur les deux rives de la Meuse. Les Prussiens de la rive droite étaient passés, en partie, sur la rive gauche pour soutenir le prince royal, et nous avions affaire aux trois corps d'armée de l'ennemi. De Donchery à Donzy, sur un espace de 12 kilomètres, s'étendait la ligne de bataille. Le centre s'appuyait sur Sedan. L'action s'engagea à six heures, par le feu des batteries françaises, foudroyant les Allemands entre Donzy et Remilly. Trois fois ils tentent de passer la Meuse afin de s'emparer de Donzy, trois fois ils sont repoussés ; leurs rangs s'éclaircissent sous le canon, et des bataillons entiers sont précipités dans la rivière. A Bazeilles, la lutte n'est pas moins vive. Donzy et Bazeilles, situés à la fois sur la route et le chemin de fer, sont des points dont chaque soldat apprécie l'importance.

La veille, les Prussiens avaient manœuvré dans le but d'empêcher le maréchal de franchir la Meuse, c'est-à-dire pour arriver avant lui à Sedan et le rejeter en arrière. Ce plan avait été déjoué : tout le monde espérait que Sedan serait le premier chapitre de notre réponse à l'invasion. Le général Douay, à l'avant-garde, et le maréchal Mac-Mahon, au centre, font des prodiges de valeur. Par ses manœuvres savantes, le duc de Magenta attire l'ennemi dans l'angle redoutable dont Sedan occupe le sommet. Là, mitraillés par l'artillerie des remparts, comme quinze jours auparavant ils l'étaient à Metz, les Allemands terrifiés reculent, se débandent et fuient. Le centre de leur armée se répand en désordre sur la rive gauche de la Meuse, et ne parvient à se reformer qu'à Villemontry, à quatre ou cinq kilomètres en arrière de Mouzon.

Nous avions été victorieux le 31 août ; il n'en fut pas de même le lendemain.

De tous les récits de la bataille du 1er septembre, le plus clair et le plus émouvant est peut-être celui qu'en fait M. de la Vausserie. Nos lecteurs nous sauront gré de le reproduire *in extenso* :

« Le 1er septembre, au matin, l'armée française était campée sous les murs de Sedan, et un brouillard épais, qui s'étendait dans toute la plaine, masquait aux yeux de Mac-Mahon les mouvements des Prussiens.

» C'est dans ces dispositions si désastreuses que devait commencer la bataille.

» A cinq heures, aux premières lueurs du jour, les Bavarois ouvrirent le feu contre l'aile droite de notre armée.

» Napoléon III monta à cheval à six heures, et se rendit à Bazeilles ; Mac-Mahon y était déjà. Une canonnade très-vive s'engagea entre les Bavarois et l'artillerie française. Vers sept heures, le brouillard du matin se dissipant, les Français virent que c'était seulement aux Bavarois qu'ils avaient tenu jusque-là tête sur les bords du Chiers ; ils aperçurent les lignes prussiennes se déployant à leur gauche sur les hauteurs qui les dominaient, et leur fermaient la possibilité d'une retraite éventuelle sur la Belgique. La journée commençait, et déjà l'aspect seul du champ de bataille et des hauteurs occupées par l'ennemi témoignait qu'il avait pour lui l'avantage de forces beaucoup supérieures ; ce fut précisément à ce moment, et quand il eût fallu toute la puissance de décision et d'intrépidité du maréchal Mac-Mahon, que, par malheur, il fut blessé assez grièvement pour qu'il fût nécessaire de l'emporter du champ de bataille. A défaut du maréchal, c'était au général Ducrot qu'il appartenait de prendre le commandement. Le général Wimpffen présenta un pli cacheté qui le lui donnait.

» Vers neuf heures, les Saxons vinrent prêter leur appui aux Bavarois et couvrir de boulets et d'obus le flanc des troupes françaises.

» La journée commençait à peine, et cependant l'issue n'en était déjà pour ainsi dire plus douteuse.

» Il y eut cependant un moment d'espérance.

» Le général Wimpffen avait disposé l'infanterie dans les maisons de Bazeilles, et de l'artillerie sur différents points du village. Le malheureux bourg servait en quelque sorte d'épaulement de redoute ; les habitants s'étaient joints à la défense ; une fusillade bien nourrie faisait subir aux Bavarois des pertes considérables. L'infanterie de marine rendit d'immenses services ; sa bonne discipline, la précision de son tir, son intrépidité furent admirées par les généraux ennemis. Un moment les Bavarois lâchèrent pied, et trois divisions qui étaient engagées depuis quatre heures du matin, commencèrent à se replier vers Douzy ; en même temps, le centre de nos troupes faisait un mouvement offensif très-énergique pour chasser les Saxons de la hauteur qu'ils occupaient, et dont ils dirigeaient dans toutes les parties de la vallée que nous occupions des feux plongeants redoutables. L'effort fut admirable. Les collines sur le haut desquelles étaient campés les corps saxons et la garde prussienne étaient escarpées, couvertes de bois à leur sommet. Rien n'arrêta nos valeureux soldats; ils tentèrent l'escalade des positions avec une audace admirable. Le surlendemain, le correspondant du *Times*, parcourant cette partie du champ de bataille, y trouvait les traces d'une lutte véritablement surhumaine.

» Il était onze heures : une vague espérance soutenait l'énergie de nos troupes. Comme à Waterloo, on attendait Grouchy. A chaque moment, dans cette cruelle matinée du 1er septembre, on s'imaginait que Bazaine allait venir, qu'il prendrait par derrière les positions des Bavarois, et ouvrirait la route de Metz.

» D'autres comptaient que Vinoy pourrait venir du côté de Metz. Ces illusions ne devaient pas durer : le général de Moltke réservait une surprise aux troupes françaises, mais c'était une de ces surprises comme fut l'arrivée de Blücher sur le champ de bataille de Waterloo. Profitant des brouillards du matin, le prince royal avait, sans être vu de nos officiers, traversé la Meuse au-dessous de Donchéry, et, par une marche rapide, remontant les pentes qui dominent en aval de Sedan la rive gauche de la Meuse, il arrivait pour achever l'investissement de la place de Sedan et des troupes qui avaient été réunies sous les remparts de cette ville. A midi, le succès de cette opération habile et hardie était obtenu; de l'est à l'ouest, toute la crête des hauteurs qui dominaient Sedan au nord était couverte par une ligne non interrompue de corps ennemis et se couronnait d'une artillerie formidable.

» Quand nos généraux s'aperçurent de l'arrivée du prince royal sur ces hauteurs, ils comprirent qu'il fallait à tout prix lui reprendre cette précieuse position : ils disposèrent en face de Floing quelques régiments d'infanterie ; et, dans un enfoncement au fond duquel coule le petit ruisseau de Floing, ils placèrent des escadrons de cuirassiers.

» Les Prussiens, quand ils eurent dépassé Floing, se déployèrent en tirailleurs. Ces tirailleurs commencèrent le feu, on y répondit de notre côté par un feu de mousqueterie extrêmement violent et bien dirigé : les soldats prussiens tombaient, il en arrivait d'autres qui prenaient leur place. Tout à coup, les cuirassiers qui étaient dans le fond s'ébranlèrent ; et, dans un ordre parfait, se mirent à gravir le revers du plateau de Floing.

» Les Prussiens furent surpris par cette charge ; ceux qui n'étaient pas encore en position sur le plateau redescendirent précipitamment dans les maisons de Floing ; ceux qui étaient déjà déployés sur le plateau furent balayés par les cuirassiers. La hauteur fut littéralement rasée. Malheureusement, les cuirassiers ne s'en tinrent point là ; dépassant le bord du plateau, ils redescendirent vers Floing, situé à mi-côte, et s'engagèrent dans les jardins qui entourent ce village. Ce devait être leur perte.

» L'infanterie prussienne, cachée dans ces jardins, derrière des haies, de petits murs, commença sur les escadrons français un feu extrêmement juste qui devait promptement les exterminer ; ils voulurent se retirer, mais les chevaux, essoufflés par la charge, forcés de remonter les pentes qu'ils avaient à moitié descendues, ne purent soustraire les malheureux cuirassiers aux coups des Prussiens. Les fantassins ennemis s'élancèrent alors, passèrent sur les corps des chevaux et sur les cuirassiers démontés, renversés, blessés, mourants, et leur ligne couronna une seconde fois le plateau pendant quelques instants.

» La fusillade reprit du côté des Français avec violence, les tirailleurs prussiens étaient quelque peu troublés par les décharges ; quand le feu cessa, une seconde charge de cuirassiers admirablement exécutée, vint de nouveau les atteindre ; ils essayèrent de se former en carré ; ils ne purent achever ce mouvement, et un grand nombre tomba sabré sous l'effort de notre cavalerie.

» Derrière les tirailleurs s'avançait, en ordre régulier, le gros de l'infanterie prussienne. Pendant qu'en avant les tirailleurs arrêtaient un moment, au prix de leur vie, la charge des cuirassiers, les fantassins prussiens se formaient en ligne de bataille. Les escadrons, au moment où ils s'avançaient au galop de leurs chevaux vers cette ligne, furent accueillis, à deux cents mètres, par une épouvantable décharge qui les enveloppa de fumée. Ces solides et intrépides cavaliers poussèrent en avant, mais le feu ennemi les détruisit; il s'éleva, en face de cette infanterie meurtrière, une masse de chevaux blancs et gris, renversés et sanglants, une terrasse de morts, de mourants et de cavaliers démontés. « Il est impossible, écrivait un correspondant du *Times*, témoin de cette scène, de voir une plus complète destruction d'une plus fière cavalerie. »

» L'effort de nos cavaliers n'était pas encore épuisé : tout à coup un second corps de cavalerie, cette fois cavalerie légère, sortit du fond de Floing, comme un coup de tonnerre d'un nuage sombre. Il s'avance lentement ; mais ce n'est plus comme les cuirassiers qui tombaient sur les lignes mêmes des baïonnettes. Les chevaux des lanciers et des hussards couvrirent le terrain bien avant d'arriver aux rangs de l'ennemi. Les officiers, eux, couraient hardiment jusqu'aux lignes de l'infanterie prussienne, où la mort les abattait. Une décharge couvrit de fumée le flanc prussien ; les derniers cavaliers français tombèrent ; aussitôt les Prussiens s'avancèrent, foulèrent aux pieds la masse de ces hommes, et attaquèrent l'infanterie française qui, abritée derrière un épaulement, répondit par un feu bien nourri.

» Jusque-là, la bataille s'était engagée entre l'infanterie prussienne et la cavalerie française. C'est de notre côté que l'avantage demeurait. Les Prussiens firent avancer une batterie, la disposèrent, et, dès les premières volées, les lignes françaises, qui avaient fortement tenu jusque-là, commencèrent à s'ébranler. Si notre infanterie avait eu, pour la soutenir, quelques pièces de canon, elle eût tenu longtemps; sans cet appui, elle devait céder. La retraite se fit d'abord en bon ordre. Quand les Prussiens, s'avançant toujours, furent à portée du bois de la Garenne, qui domine le fond de Givonne, ils furent arrêtés un moment par des décharges meurtrières de troupes cachées dans ce bois. Mais bientôt les régiments français, épuisés, débordés, comprenant qu'ils avaient affaire à des forces de beaucoup supérieures, sans artillerie, à bout de cartouches, se sauvèrent dans les bois, et un certain nombre gagna par ces bois la frontière belge; ils durent y déposer leurs armes.

» Le prince royal, vers deux heures et demie, après une lutte de trois heures et demie, était maître du plateau de Floing, du bois de la Garenne; et, dès lors, il avait réellement en main la clef des positions où se retirait l'armée française.

» Un vallon qui débouche sur la place même de Sedan, vallon au fond duquel passe la route de France en Belgique, et où se trouve le petit village de Givonne, fut le point où l'armée du prince royal et les corps saxons et bavarois, engagés à l'est de Sedan, commencèrent leur jonction. On établit dans le fond de Givonne de nombreuses batteries qui, protégées de droite et de gauche, se mirent à envoyer boulets et obus, tant sur la ville même de Sedan que sur le faubourg de Balan, où les troupes françaises tenaient encore.

» Balan ayant été occupé par les Prussiens après une résistance désespérée opposée par les nôtres, ce fut un sauve qui peut général pour gagner Sedan. Les soldats s'écrasaient les uns les autres en luttant pour entrer dans la ville. Des cuirassiers s'élançaient, homme et cheval, cassant jambes et côtes aux chevaux. Derrière le tout, venaient des canons avec leurs pesants affûts et leurs puissants chevaux, forçant leur chemin à travers la foule en blessant et écrasant les fantassins fugitifs.

» L'Empereur étant monté à cheval, un obus tombe près de lui et, en éclatant, tue le cheval d'un général qui le suivait.

» A partir de ce moment, la bataille était absolument perdue.

» Nos soldats ne pouvaient tenir contre cette grêle épouvantable de projectiles que leur lançait de loin un ennemi invisible ; 400 pièces de canon labouraient le champ de bataille en tous sens ; et, devant cette tuerie sinistre, contre laquelle l'héroïsme ne pouvait rien, nos troupes sentaient s'allumer au fond de leur cœur une colère indicible.

Du sommet de la colline où il se tenait en observation, le général de Wimpffen, éperdu, contemplait le champ de bataille où l'ennemi allait nous envelopper. Un instant, à la vue de l'énergie que déployait le général Lebrun contre les Bavarois qui pliaient devant Bazeilles, il eut l'idée de forcer les lignes ennemies de ce côté ; il voulait placer l'Empereur au milieu des troupes, gagner Carignan et atteindre, s'il le pouvait, les murs de Montmédy.

» Mais, pendant ce temps, l'Empereur, qui voyait l'impossibilité de résister plus longtemps, avait fait arborer le drapeau parlementaire. A cette nouvelle, le général de Wimpffen entre dans une violente colère; il revient à Sedan, refuse de capituler, et, s'adressant aux soldats de toutes armes qui encombraient la place de Turenne :

« Voulez-vous rendre vos armes, demeurer prisonniers ?

— Non !

— Eh bien ! suivez-moi, et ouvrez-vous un passage en bousculant l'ennemi. »

» A la tête de huit mille hommes de tous les corps, cavaliers, fantassins, hussards, zouaves, chasseurs, il culbute les Bavarois, reprend Balan et chasse l'ennemi jusqu'au delà de l'église; mais bientôt le général dut rentrer à Sedan, le cœur navré, et après avoir refusé deux fois de se rendre.

» Il voulut donner sa démission de général en chef, afin de ne pas prendre part à la capitulation ; mais sur les instances de l'Empereur, il finit par se résigner.

» Arrivé au quartier-général allemand, M. de Wimpffen trouva le général de Moltke fort mal disposé pour nous. Froid, sévère et implacable, ce vieux soutien de la politique prussienne demandait comme condition, que l'armée française déposât les armes et fût conduite en Allemagne.

» Le général français parlementa toute la nuit et revint vers l'Empereur sans avoir rien conclu; mais, à neuf heures du matin, force fut d'accepter les dures conditions du vainqueur, sous peine de faire anéantir le reste de l'armée.

» 80,000 Français devenaient ainsi prisonniers des Allemands, et l'immense matériel de guerre que l'armée et Sedan possédaient fut remis aux Prussiens. »

Voici en quels termes était conçue la proclamation par laquelle le général de Wimpffen annonça la capitulation aux troupes :

« Soldats !

» Hier, vous avez combattu contre des forces très-supérieures. Depuis le point du jour jusqu'à la nuit, vous avez résisté à l'ennemi avec la plus grande valeur et brûlé jusqu'à la dernière cartouche. Epuisés par cette lutte, vous n'avez pu répondre à l'appel qui vous a été fait par vos généraux et par vos officiers pour tenter de gagner la route de Montmédy et de rejoindre le maréchal Bazaine.

» 2,000 hommes seulement ont pu se rallier pour tenter un suprême effort. Ils ont dû s'arrêter au village de Balan et rentrer à Sedan, où votre général a constaté avec douleur qu'il n'existait ni vivres ni munitions de guerre.

» On ne pouvait songer à défendre la place, que sa situation rend incapable de résister à la nombreuse et puissante artillerie de l'ennemi.

» L'armée réunie dans les murs de la ville ne pouvant ni sortir ni la défendre, les moyens de subsistance manquant pour la population et pour les troupes, j'ai dû prendre la triste détermination de traiter avec l'ennemi.

» Envoyé hier au quartier-général prussien avec les pleins pouvoirs de l'Empereur, je ne pus d'abord me résigner à accepter les clauses qui m'étaient imposées.

» Ce matin seulement, menacé d'un bombardement auquel nous n'aurions pu répondre, je me suis décidé à de nouvelles démarches, et j'ai obtenu des conditions dans lesquelles vous sont évitées, autant qu'il a été possible, les formalités blessantes que les usages de la guerre entraînent le plus souvent en pareille circonstance.

» Il ne nous reste plus, officiers et soldats, qu'à accepter avec résignation les conséquences des nécessités contre lesquelles une armée ne peut lutter : manque de vivres et manque de munitions pour combattre.

» J'ai du moins la consolation d'éviter un massacre inutile, et de conserver à la patrie des soldats susceptibles de rendre encore dans l'avenir de bons et brillants services.

» *Le général commandant en chef,*
» DE WIMPFFEN. »

Cette nouvelle fut accueillie par les soldats avec une tristesse profonde. Livrer leurs armes et se rendre prisonniers en Prusse, ou s'engager à ne pas servir pendant toute la durée de la guerre, telle était l'alternative cruelle à laquelle ils étaient réduits. Un grand nombre d'officiers, à l'exemple du maréchal Mac-Mahon, ne voulurent pas profiter de la faculté qu'ils avaient de revoir leur famille, et furent transportés dans une forteresse d'Allemagne. Parmi eux était le général de Wimpffen.

L'Empereur, après avoir été conduit au roi Guillaume, avec lequel il n'eut guère qu'un court entretien, dut prendre la route de Cassel, pour se rendre au château de Wilhelmshohe, que son inflexible vainqueur lui assignait pour résidence. Le même jour, il arriva à Bouillon ; il tenait à la main un mouchoir qu'il portait fréquemment à ses yeux. Sa voiture était précédée et suivie par des chasseurs à cheval de l'armée belge. Un repas des plus simples fut immédiatement préparé à l'hôtel des postes, et une trentaine de personnes s'assirent à la table de Napoléon. Il passa la nuit à Bouillon, et fut dirigé le lendemain matin, à six heures, sur Cassel. L'Empereur était accompagné de deux généraux prussiens; des généraux comte de Reille, Castelnau, comte Pajol, ses aides de camp; du prince Achille Murat, officier d'ordonnance; du maréchal Mac-Mahon, du comte Davillier, de MM. Regnault de Saint-Jean-d'Angely, Lauriston, Raimbeaux, Piétri, secrétaire particulier, et Heppe, officier d'ordonnance.

Le château de Wilhelmshohe, d'après un journal anglais, situé sur le versant des montagnes de Habectwald, est le Versailles de Cassel : il devait présenter à l'Empereur captif le singulier intérêt d'avoir été l'habitation favorite de son oncle, le prince Jérôme. Le palais et les environs sont d'un luxe inouï; dans le parc on trouve un temple d'Apollon, un temple de Mercure, des jets d'eau, des faisanderies, des lacs et même une ville chinoise. On y trouve aussi une fontaine, la plus grande peut-être qu'il y ait au monde, qui lance un jet de 12 pieds à une hauteur de 100 pieds. Enfin, sur le point le plus élevé, à 1,400 pieds de hauteur, est une construction octogonale, de laquelle sort une cascade qui descend dans la grotte de Neptune. Cette construction est surmontée d'une statue colossale d'Hercule. Le château est relié à Cassel par une magnifique avenue de chênes.

L'Empereur arriva le 5 septembre, à 9 heures du soir, à la station de Wilhelmshohe, avec les généraux Douay et Lebrun, prisonniers comme lui, et le général Bayen, aide de camp du roi de Prusse.

Le 3 septembre, nos soldats étaient réunis par groupes de 10 ou 12,000, dans les plaines qui environnent Sedan, et on les laissa pendant plusieurs jours presque sans nourriture, exposés à une pluie torrentielle et dans la boue jusqu'à mi-jambe. C'est dans cet état lamentable que, pouvant à peine se soutenir, ils durent partir pour l'exil.

On ne saurait dire les cruautés dont les Prussiens se rendirent coupables, en cette circonstance, à l'égard de leurs prisonniers. Jamais, suivant la presse anglaise, ils ne se laveront de la tache d'infamie dont ils souillèrent leur nom après la prise de Sedan. Non contents d'avoir incendié Bazeilles et rejeté tout vivants dans les flammes ceux des habitants qui essayèrent de fuir, ils eurent la barbarie d'insulter au courage malheureux et de faire périr, par la faim et par des traitements indignes, des hommes que la mitraille avait épargnés.

Un fait digne d'intérêt se rattache à la bataille de Sedan. Un sergent des zouaves réussit, en se déguisant, à sauver le drapeau de son régiment. Au moment où la défaite de nos troupes allait se consommer, un capitaine, un lieutenant et ce brave sergent résolurent de ne point laisser tomber aux mains des Prussiens l'étendard autour duquel ils avaient toujours vaillamment combattu et qui, jusqu'alors, ne les avait conduits qu'à la victoire. Après avoir enlevé la hampe, ils se partagèrent les glorieux débris du drapeau : l'un prit et cacha dans son uniforme la cravate, l'autre la soie trouée par les balles; au troisième fut confiée l'aigle.

Cependant, la capitulation est signée. Le capitaine, le lieutenant et le sergent sont prisonniers de guerre; ils vont être emmenés en Allemagne. Comment sauver l'étendard ? Un éclair de joie brille soudain dans les yeux du sergent, et il imagine un moyen de salut pour la chère relique. Il est Alsacien, il parle l'allemand; il se dévoue et promet que l'aigle reverra la France. Ses compagnons lui remettent ce qu'ils ont pris ; il leur serre la main d'une étreinte nerveuse, et part.

Le sergent se glisse, rampe sur le champ de bataille. Il parvient à échapper aux Prussiens qui poursuivent l'armée en déroute, et à gagner un petit village. Là, recueilli avec sympathie par les habitants, il revêt un costume de paysan, prend une hotte, y dépose l'aigle, avec la soie et la cravate du drapeau, et recouvre le tout d'une masse de tabac que chacun lui donne à l'envi. Travesti de cette façon, il passe au milieu des Allemands, à qui il adresse la parole et vend de quoi fumer. Il continue de cheminer ainsi pendant un quart d'heure, tremblant qu'on ne découvre son trésor ; enfin, après les plus poignantes angoisses, on l'entend pousser un cri de joie : il a atteint les bords de la Meuse ! Il se débarrasse aussitôt de sa hotte, en retire l'aigle, la cravate et la soie, et traverse à la nage la rivière. Quelques jours après, il était à Paris. Le général Le Flô, ministre de la guerre, voulut voir le sergent des zouaves, et, pour le récompenser de sa fidélité, il le nomma chevalier de la Légion d'honneur.

Malgré les bataillons prussiens qui gardaient la frontière belge, quelques-uns de nos soldats parvinrent à la franchir et à éviter ainsi la dure captivité qui leur était réservée en Allemagne. Après dix à onze lieues de marche à travers les bois et les montagnes, ils arrivèrent, au nombre de près de 1,500, à l'établissement des Frères de Carlsbourg, et là ils furent l'objet des attentions les plus délicates : les malades et les blessés furent recueillis dans des chambres et soignés avec dévouement. Ce fut avec tristesse qu'ils quittèrent cette maison pour se rendre au camp de Paliseul et dans les villages voisins.

L'établissement des Frères se trouvait sur le passage

des régiments français; le directeur en recevait chaque jour 30, 40 et même 100. Pendant tout le mois de septembre, il se fit distributeur des lettres pour Sedan et les environs. Sa maison était devenue une espèce de consulat, où de tous les pays on prenait des renseignements.

CHAPITRE VI

Les siéges : — Strasbourg, — Toul, — Phalsbourg, — Bitche, — Verdun, — Montmédy, — Thionville, — Laon, — Soissons, — Neufbrisach, — Schlestadt, — Belfort, — Mézières, — La Fère, — Longvy.

Tout en s'avançant vers Nancy et Châlons, le prince royal avait laissé derrière lui des forces imposantes, et, ainsi qu'on l'a vu, Strasbourg fut investi. Le 19 août, les Badois commencèrent, de Kehl, à bombarder la place; nos feux répondirent, et Kehl fut à peu près détruit. Le 22, les boulets rouges et les obus tombèrent sur les maisons comme grêle ; le faubourg de Saverne fut en partie consumé. A partir de ce jour, le bombardement continua presque sans interruption. Les assiégés ripostèrent par des canonnades nourries, mais qui n'atteignaient que difficilement les batteries allemandes, épaulées d'une part derrière les terrassements au delà du Rhin, de l'autre derrière Haubergen. Non content d'incendier les faubourgs, l'ennemi dirigea ses bombes sur la ville même. Plusieurs de ses projectiles endommagèrent la cathédrale et la citadelle ; le gymnase protestant fut brûlé, de même que l'église du Temple-Neuf, le musée de peinture et la bibliothèque, si célèbre en France et en Allemagne, et qui contenait une foule d'exemplaires uniques en manuscrits et en imprimés. En vain l'évêque, Mgr Rœss, ouvrit des négociations dans l'intérêt des habitants ; sur le refus du général Uhrich de traiter de la reddition de la place, les opérations se poursuivirent au milieu d'actes de barbarie que M. Keller signala au Corps législatif et qui excitèrent l'indignation de l'Europe entière.

Dans la nuit du 26 au 27, la garnison fit une sortie si vigoureuse que les soldats badois s'enfuirent jusque dans le canton de Wasselonne, à 4 ou 5 lieues des murs ; d'un autre côté, le feu des assiégés était tellement meurtrier que les Allemands avaient dû requérir, dans un village, 27 chariots pour le transport de leurs blessés. Le 31, des francs-tireurs et des douaniers enlevèrent six bateaux, amarrés sur le territoire badois. Le général Uhrich croyait que, malgré le bombardement, la place tiendrait contre toute attaque.

Un fait touchant se passa le 3 à Paris. Depuis le matin jusqu'au soir, la statue de la ville de Strasbourg, sur la place de la Concorde, ne cessa d'être l'objet d'un pieux pèlerinage. Des bouquets jonchaient le piédestal, une couronne d'immortelles fut posée sur le front de la statue. Une foule sans cesse renaissante, triste et recueillie, stationnait devant l'image de la noble cité, et une seule pensée était dans tous les cœurs : « Paris vengera Strasbourg. »

En attendant, le feu des assiégeants continuait avec vigueur ; plus de 300 canons étaient en position, et la prise ou la capitulation de la place n'était plus considérée par l'ennemi que comme une question de temps. Les assiégés ne perdaient pas pour cela courage ; dans une sortie opérée le 7, ils tuèrent un grand nombre d'Allemands et s'emparèrent de plusieurs canons. Le gouvernement déclara qu'ils avaient bien mérité de la patrie. Partout on admirait l'héroïsme des Strasbourgeois ; un comité se forma à Berne pour leur venir en aide. Une députation fut envoyée à Strasbourg, chargée de s'entendre avec le général Uhrich et l'armée assiégeante, touchant les mesures à prendre pour faciliter à la population l'accès de la Suisse. Cette députation obtint ce qu'elle désirait, et l'on fit sortir aussitôt de la ville les enfants, les femmes et les vieillards. Il était temps : la situation empirait, par suite d'un bombardement sans trêve ; mais le commandant n'était pas moins résolu à résister jusqu'à la fin. Dans la nuit du 13 au 14, la garnison surprit les tranchées ; le 3e de ligne badois et un régiment wurtembergeois furent écharpés. Dans la nuit du 18 au 19, les assiégeants tentèrent de donner l'assaut à la place, mais ils furent repoussés avec des pertes énormes. Le 22, le général Uhrich dut se réfugier dans la citadelle ; c'était le seul point qui lui restât pour s'abriter. Le moment suprême approchait. Cinq jours plus tard, le 27, une brèche de 60 pieds était ouverte, et il fallut se rendre. A cinq heures du soir, le pavillon blanc fut arboré sur la flèche de la cathédrale ; les batteries allemandes cessèrent immédiatement leur feu. La capitulation fut conclue à deux heures et demie du matin. La garnison comptait près de 18,000 hommes : les officiers pouvaient se retirer libres sur parole, à la condition de ne pas servir contre l'Allemagne durant la guerre ; les soldats devaient être envoyés comme prisonniers à Rastadt. Le 28, les troupes ennemies occupaient la ville ; l'état-major y entra dans la journée.

Le général Uhrich avait tenu bon jusqu'au moment où

il fut menacé d'un nouvel assaut et d'un bombardement général. Toute résistance était désormais impossible. Quelques officiers français furent autorisés à passer en Suisse sur parole. Les gardes mobiles, qui tous étaient Alsaciens, furent renvoyés dans leurs foyers.

Le butin était estimé à 1,070 canons, 2,000,000 de francs, plus l'avoir du gouvernement dans la Banque, évalué à 8,000,000 ; l'ennemi avait également pris des quantités de drap considérables. Les souffrances de la population avaient été affreuses ; le nombre des blessés s'élevait à plus de 3,000, parmi lesquels beaucoup de femmes et d'enfants. Il convient de reproduire ici le récit suivant emprunté à une lettre venue de la courageuse cité : c'est un épisode du siége.

« J'étais établi à Strasbourg depuis de longues années, et nos affaires n'avaient jamais été aussi prospères que lorsque la guerre éclata. Grand commerçant, la partie la plus notable de ma fortune se trouve dans mes magasins. Une femme et trois enfants que j'adore font tout mon bonheur. Inutile de dire qu'à l'approche de l'ennemi, je n'hésitai pas à éloigner ma famille du théâtre de la guerre. Je réunis mes quelques valeurs, et ma femme les emporta ; elle alla, sur mes instances, habiter l'Allemagne avec mes enfants. Quant à moi, je ne pouvais songer à quitter ma demeure ; abandonner mes magasins au risque de les livrer au pillage, si la ville était prise, c'était renoncer aux fruits de dix ans de labeur et de peines. Je résolus donc de ne pas quitter la ville

» Les premiers huit jours, tout alla assez bien ; le quartier que j'habite semblait devoir être épargné ; mais, le neuvième jour, une bombe vint tomber en face de ma demeure, et, en éclatant, brisa toutes les vitres du rez-de-chaussée. Je crus prudent, dès lors, de me réfugier dans ma cave. J'avais là quelques provisions, ce qui fait que je n'en sortais guère ; je passais mes journées et mes soirées à lire ; j'étais bien loin de me douter de ce qui devait m'arriver.

» Le samedi 10, vers midi, alors que je prenais mon repas, un vacarme épouvantable se fit au-dessus de ma tête ; je courus vers l'escalier pour aller m'assurer des dégâts causés, selon toute probabilité, par une bombe tombée sur ma demeure. Je reculai épouvanté : l'entrée de la cave était bouchée par des pans de muraille, la maison venait de s'effondrer, et j'étais enterré vivant.

» Ce qui me passa par la tête pendant ma première heure de captivité, je ne saurais le décrire ; j'avais des rages sourdes auxquelles succédait un abattement général. Peu à peu je revins à moi ; car il faut vous dire que j'avais complètement perdu la tête ; je rassemblai mes idées et je crus me rappeler que j'avais descendu pendant la journée un quinquet à l'huile de pétrole. Je me dirigeai à tâtons vers le meuble sur lequel je croyais l'avoir posé et, ô bonheur ! je l'y trouvai. L'allumer fut l'affaire d'un instant. C'est alors que je pus me rendre compte de ma véritable situation : tout autour de moi, il n'y avait que des décombres ; l'escalier n'existait plus ; je ne pouvais plus me faire illusion : la maison s'était effondrée, et cette cave devait être mon tombeau. Déblayer du côté de l'escalier me semblait être ma seule planche de salut. Je m'y mis avec la rage du désespoir.

» Chaque brique que j'enlevais en faisait choir d'autres ; des pans de muraille s'écroulaient continuellement, et j'étais menacé d'être enseveli d'un moment à l'autre sous les décombres. Pour comble de malheur, mon quinquet s'éteignit faute d'huile, et je me vis plongé dans l'obscurité la plus profonde. J'étais désespéré. Je songeais à ma femme et à mes enfants, et je me mis à sangloter ; je n'avais plus le courage de continuer un travail au bout duquel je n'entrevoyais qu'une chose : la mort ! une mort terrible, la plus terrible de toutes peut-être !

» Je me remis pourtant à l'œuvre avec un nouveau courage ; je n'avais plus le moindre espoir ; mais l'instinct de la conservation me poussait, et je déblayai avec une sorte de rage. Il y avait, me semblait-il, plus de deux jours que je travaillais, lorsque tout à coup le plafond s'effondra : je reçus une brique sur la tête et je m'évanouis. Combien de temps je restai sans reprendre mes sens, je ne saurais le dire. Lorsque je rouvris les yeux, j'aperçus une trouée au-dessus de ma tête ; le ciel était étoilé ; il faisait nuit.

» Je souffrais horriblement, et je n'osais faire un mouvement, de crainte de provoquer un nouvel éboulement. J'attendis le jour avec une mortelle impatience. Dès que je pus me rendre compte de ma nouvelle situation, l'esprit me revint ; je réunis des décombres en un tas, et, me cramponnant à une poutre du plafond, je me hissai hors de cette cave qui avait failli me servir de sépulcre. Une fois dehors, je faiblis de nouveau. Lorsque je revins à moi, je m'accroupis sur les ruines de ma demeure et je pleurai pendant plus de deux heures. J'avais passé quatre jours dans cette cave. J'y étais entré sans un cheveu gris : aujourd'hui je suis tout blanc : j'ai vieilli en quatre jours de plus de vingt ans.

» Quant à mes magasins, tout est brûlé. J'avais travaillé pendant dix ans pour arriver à doter ma famille d'une modeste aisance ; j'entrevoyais pour ma femme et pour moi une vieillesse heureuse et exempte de soucis : aujourd'hui tout est à recommencer, et je n'entrevois à l'horizon que la misère pour nos vieux jours. »

Le général Uhrich prit congé de ses intrépides compagnons d'armes dans une proclamation qui fut affichée le 28 septembre. Le maire recommanda à la population de s'abstenir de tout acte hostile contre le corps d'armée allemand et lui rappela les peines graves que les lois militaires contiennent contre de semblables manifestations.

Les troupes ennemies, devenues disponibles par la reddition de Strasbourg, et la 4ᵉ division de réserve étaient chargées d'occuper la haute Alsace, en même temps que Mulhouse et Colmar; elles devaient aussi investir Belfort, Schlestadt et Neuf-Brisach.

Le général Uhrich alla rendre compte à Tours de sa mission, et il reçut de la délégation du gouvernement le plus chaleureux accueil; un décret le nomma grand'croix de la Légion d'honneur. Peu de jours après, il partit pour la Suisse, où son intention était de se fixer jusqu'à la fin de la guerre.

Le gouvernement de la Défense nationale décréta que la statue de la ville de Strasbourg qui se dresse sur la place de la Concorde, serait moulée en bronze avec une inscription destinée à perpétuer le souvenir de la défense des habitants.

Le 6 août, la garde royale prussienne, après diverses sommations restées infructueuses, bombarda, de son côté, la ville de Toul. On se battit de midi à quatre heures, et les assiégeants eurent de 8 à 900 hommes tués ou blessés.

Pour cacher leurs morts, ils les jetaient dans le canal. Les gardes mobiles se distinguèrent dans cette occasion ; ils massacrèrent dans une sortie deux régiments de la garde. Les jours suivants, l'ennemi renouvela ses attaques et incendia plusieurs édifices, mais le courage des défenseurs ne fut pas pour cela affaibli. Le 10 septembre, il essaya de forcer la place, de sept heures du matin à quatre heures du soir. Malgré un bombardement et une canonnade d'une extrême vigueur, toutes ses tentatives d'assaut furent repoussées par la garnison. Le gouvernement décréta le 12, au nom de la France, que Toul, comme Strasbourg, avait bien mérité de la patrie. Le 15, la place subit un nouveau bombardement qui fut très-vif et dura deux heures ; elle continua néanmoins de résister, bien qu'elle fût entourée par 18,000 Prussiens. Enfin, le 23 septembre, incapable de tenir plus longtemps, le commandant fut forcé de capituler ; il était manifestement impossible que la ville pût lutter davantage contre les forces qui avaient été envoyées pour la prendre : elle avait fait, du reste, à la cause de la France, par sa fermeté et son courage, un bien que tout le monde appréciait ; si elle s'était rendue une quinzaine de jours plus tôt, les canons de siége auraient déjà pu être placés sous les murs de Paris.

L'ennemi attaqua aussi Phalsbourg et ne rencontra pas une résistance moins énergique. En vain les Prussiens avaient incendié l'église et une cinquantaine de maisons, coupé le ruisseau qui fournissait de l'eau aux habitants ; en vain la mitraille semait la ruine par les rues : la vaillante petite ville, seule, abandonnée, perdue au milieu des Vosges, sans soldats, défendue par quelques citoyens et des gardes mobiles encore inexpérimentés, luttait toujours, espérant tout de sa bravoure et se confiant en Dieu. Le commandant Taillant attendait des secours ; ces secours ne vinrent pas. Heureusement la place reçut un certain nombre de soldats échappés au désastre de Reichshoffen, zouaves, turcos, cavaliers, fantassins, et ces braves prirent volontiers part aux sorties qui se faisaient souvent pour aller chercher des vivres dans les campements ennemis. C'étaient les Prussiens qui les ravitaillaient : leurs convois de bestiaux, ne pouvant suivre la route de Saverne à Sarrebourg, que battaient les canons de la ville, étaient obligés de gravir les rudes sentiers de Rhetel, et c'était là que les Phalsbourgeois allaient enlever bœufs, moutons et chevaux. Les assiégeants, rebutés, découragés, harcelés continuellement par des corps francs, déclaraient aux généraux allemands que s'ils n'étaient pas renforcés, ils abandonneraient la partie. Pour les y déterminer, il n'eût fallu que leur fournir un prétexte plausible par une attaque de forces raisonnables : cette attaque fut projetée, mais elle ne se réalisa pas. Pourtant Phalsbourg résistait encore, et si sa statue avait orné quelque place, elle eût certes mérité aussi d'être couronnée de fleurs. Le 12 décembre, dans la matinée, le commandant dut se mettre à la merci de l'ennemi.

La forteresse de Bitche fut également assiégée. Ses défenseurs étaient, pour la plupart, des soldats de l'armée du maréchal de Mac-Mahon, appartenant aux différents corps de son infanterie et de sa cavalerie, et qui, après la bataille de Reichshoffen, avaient réussi à se réfugier dans ce nid d'aigle. Il y avait parmi eux un certain nombre de zouaves et de turcos, qui, profitant de certaines occasions, avaient amené dans le fort divers convois de vivres destinés aux

Prussiens, et étaient, comme leurs camarades, résolus à vendre chèrement leur vie. Le 28 septembre, Bitche avait essuyé trois bombardements. Une grande partie de la ville était brûlée, les bâtiments du fort n'existaient plus ; mais la garnison ne manquait encore ni de vivres ni de munitions, et elle ne voulait à aucun prix se rendre. A partir de ce jour, les 2,000 Bavarois qui formaient le siége, dans le but, sans doute, d'éviter un carnage inutile, parurent fermer l'œil à demi sur le ravitaillement de la forteresse, et, des deux côtés, les canons restèrent silencieux. Au mois de janvier, l'ennemi, reconnaissant que la forteresse était imprenable, renonça à l'attaquer, et se borna à l'investir, de façon à la réduire par la famine. La paix fut signée avant qu'il y fût entré.

La garnison partit le 25 mars avec armes et bagages ; elle emmenait ses canons de campagne et ne laissait aux Prussiens que le matériel du fort. Le commandant de la place, le lieutenant-colonel Teyssier, avait l'ordre de se rendre à Nevers avec ses soldats ; de cette ville, les corps isolés (cavalerie, artillerie, zouaves, turcos, administration) devaient rejoindre leurs dépôts respectifs.

Verdun devait avoir son tour. Le 25 août, à sept heures du matin, les Prussiens sortirent des bois qui avoisinent la place et se portèrent en avant ; ils savaient que la ville n'était défendue que par une faible garnison, et que des hauteurs on pouvait facilement la canonner. Ils se développèrent, au nombre de 12 à 13,000, sur les coteaux, et mirent de nombreuses pièces en batterie ; leur conviction était que, par un feu très-vif, ils jetteraient le trouble dans la population et rendraient possible un assaut. Mais Verdun les attendait. La garde nationale sédentaire s'était préparée au combat depuis quinze jours ; les anciens artilleurs, les vieux militaires avaient tout disposé pour le service des canons, et donné des leçons aux autres.

Dès que l'ennemi fut en vue, tous les hommes armés se rangèrent sur les murailles. Les Prussiens ouvrirent le feu à 9 heures environ, et les obus plurent sur la ville ; on leur riposta avec une sûreté de tir très-remarquable, et une de leurs pièces fut même démontée. Etonnés de cette contenance, quand ils croyaient que tout le monde allait abandonner les murs et les canons, ils se formèrent en colonnes et essayèrent de prononcer un mouvement ; on les cribla de mitraille, de boulets et de balles. Un tonnerre de cris salua leur retraite, quand ils lâchèrent pied, laissant derrière eux des masses de cadavres. Dans leur fureur, ils se mirent à tirer sur l'ambulance, et plusieurs infirmiers volontaires furent tués ou blessés. Ils avaient perdu au moins un millier d'hommes.

On racontait des faits vraiment touchants. Des soldats du premier empire avaient, à 72 et 78 ans, fait l'office de chefs de pièces. Les femmes poussaient de toute leur force à la résistance, on leur reprochait d'avoir, en 1792, obligé les hommes à capituler : elles voulaient, en 1870, prendre une revanche et se montrer bonnes patriotes. Des jeunes filles n'avaient pas craint de paraître sur les murs et de braver le feu de l'ennemi ; les enfants eux-mêmes avaient fait preuve d'une grande hardiesse.

La ville continua à se défendre intrépidement contre le corps d'armée qui la bloquait. Deux fois dans le mois de septembre, l'ennemi la somma de se rendre, mais elle était résolue à résister jusqu'au bout. Les troupes allemandes restèrent campées devant les murs, se bornant à repousser les attaques des mobiles et de la garde nationale, qui faisaient de temps en temps des sorties, et celles des francs-tireurs, qui les inquiétaient sans cesse. Le siége véritable commença vers le 12 octobre. Le 21, une dépêche annonça que les opérations venaient d'être interrompues : les batteries ennemies avaient été démontées ou enclouées, ou bien encore noyées par une inondation volontaire des abords de la place. Les Prussiens firent venir du canon de Strasbourg et reprirent le bombardement pour la quatrième fois. Il était impossible de tenir plus longtemps. Verdun capitula dans les premiers jours de novembre. Suivant certaine version, la reddition aurait été amenée par de fausses nouvelles : les Prussiens auraient réussi à persuader au commandant que la France avait traité avec l'Allemagne, et il se serait décidé à mettre bas les armes, quand il y avait encore des munitions et des vivres pour plusieurs mois.

Après Verdun, Montmédy. Des parlementaires prussiens se présentèrent dans la journée des 2 et 3 septembre, et offrirent au commandant une capitulation honorable. Cette proposition fut repoussée. Le 5 au matin, l'ennemi, qui avait établi deux fortes batteries devant les murs, couvrit la place de ses feux ; avant midi, l'Hôtel de ville, la sous-préfecture et près de la moitié des maisons étaient incendiés ou criblés de projectiles. Une troisième sommation fut en ce moment adressée au commandant, qui la rejeta comme les précédentes. Le feu recommença alors, et plus de deux mille obus furent encore lancés sur la ville, qui continua de répondre vigoureusement à ses attaques. Désespérant de triompher d'une pareille résistance, les Allemands s'éloignèrent le lendemain. Chacun avait bravement fait face au danger : la garnison, composée de troupes de ligne et de mobiles, avait montré autant de courage que de sang-froid, et l'ennemi devait se résigner aux lenteurs d'un siège, s'il persistait dans la pensée de s'emparer de Montmédy. Le brave officier qui commandait la place était un breton du nom de Loardec. Le 11 octobre, de grand matin, la garnison, profitant de l'obscurité qui régnait encore, surprit les Prussiens établis dans Stenay et leur fit 400 prisonniers ; elle leur enleva leur caisse militaire et deux voitures remplies de chassepots. Le 12, attaquant un convoi d'artillerie destiné au siège de Verdun, elle tua ou prit une partie de l'escorte et s'empara de plusieurs canons. A la fin de novembre, la place continuait à résister : la fusillade ne cessait de retentir, et l'on entendait, à de courts intervalles, la puissante voix du canon. La campagne venait d'être de nouveau dévastée par le passage des nombreux bataillons qui marchaient sur le nord; et si aucune armée ne venait secourir les assiégés, il n'était pas douteux que la forteresse ne fût, elle aussi, contrainte de capituler ; toutes les routes avaient été coupées par des barricades, et tous les villages voisins étaient occupés par l'ennemi. La capitulation eut lieu le 15 décembre.

La population et la garnison de Thionville résistaient aussi très-vaillamment aux attaques dirigées contre leurs remparts, et elles étaient résolues à ne pas céder. La ville n'étant pas complètement enveloppée, la garnison presque toujours accompagnée de francs-tireurs, faisait des sorties à peu près journalières. Le 25 août, une colonne d'infanterie de ligne et de garde nationale mit en déroute 600 Prussiens, qui laissèrent sur le terrain 40 hommes tués ou blessés. A quelques jours de là, un officier supérieur de cavalerie somma la place de se rendre sous peine d'un bombardement immédiat : cette menace ne fit qu'accroître le courage des assiégés. Le ministre de la guerre se plut à signaler ce noble exemple à tous les chefs de corps de la garde nationale mobile et de l'armée qui allaient concourir, avec le même patriotisme, à la défense. La place fut entièrement investie vers la mi-octobre. Après la reddition de Metz, de nouvelles troupes s'en approchèrent, et le bombardement commença le 13 novembre : on comptait en moyenne 18 coups de canon par minute. Thionville, malgré sa brillante défense, devait tomber comme Toul et Verdun, comme plus tard la capitale elle-même si la province ne venait à son secours. La canonnade avait continué à outrance pendant la journée du 23 et la nuit suivante ; une partie de la ville et plusieurs villages des environs étaient incendiés. Le 24, à onze heures du matin, presque toutes les rues étaient détruites. Le commandant, le colonel Turnier, donna l'ordre de hisser le drapeau blanc, et demanda un armistice pour faire sortir les femmes, les enfants et les blessés, qui se trouvaient sans refuge, les caves des maisons ayant été inondées par les eaux de la Moselle : sur le refus des Prussiens d'acquiescer à cette demande, il consentit à mettre bas les armes.

Le corps d'armée du duc de Meklembourg-Schwerin, se portant sur Paris, arriva devant Laon le 8 septembre ; un officier parlementaire déclara aux autorités que si le lendemain, avant six heures du matin, la citadelle ne lui était pas remise, la ville subirait le même sort que Strasbourg. La citadelle avait pour commandant le général Thérémin d'Horme et était défendue par la garde mobile. Le général refusa de se rendre ; mais sur la menace que la ville serait détruite, il prit le parti d'entrer en négociations. La capitulation venait d'être signée quand, au moment où le duc de Meklembourg demandait au commandant s'il n'était pas parent d'une personne du même nom qui occupait une importante fonction en Allemagne, une détonation formidable se fit entendre; le garde du génie, plutôt que de livrer ses poudres, avait, dit-on, mis le feu à la poudrière : 500 des nôtres environ et une cinquantaine de Prussiens furent tués ou blessés. Le duc de Meklembourg et le général Thérémin reçurent l'un et l'autre des blessures. Dans le premier moment, les Prussiens, croyant à une trahison, voulaient tout saccager; un colonel les calma, convaincu qu'il y avait eu là un accident, et il ordonna de procéder à une enquête. En attendant le résultat des informations, le préfet, le maire, le président du tribunal civil, les six premiers conseillers municipaux et deux ou trois autres fonctionnaires durent s'engager à ne pas s'éloigner et à se tenir à la disposition de l'autorité prussienne.

Un certain nombre de maisons avaient été plus ou moins endommagées par l'explosion; les magnifiques vitraux de l'église avaient beaucoup souffert. L'ennemi établit une garnison de mille hommes dans la ville.

Soissons refusa aussi d'ouvrir ses portes aux Prussiens, et il fallut qu'ils laissassent des troupes devant ses murs pour l'assiéger. Le 14 septembre, un parlementaire se présenta, pour la seconde fois, de la part du général commandant le 4ᵉ corps, disant que, l'Empereur s'étant rendu, Soissons n'avait aucune raison d'opposer une résistance qui ne changerait rien à sa situation. Le commandant répondit qu'il n'avait pas à examiner ce qu'avait fait l'Empereur; que la place lui était confiée, et qu'il la défendrait jusqu'à l'extrémité, ainsi qu'il l'avait déclaré à un premier parlementaire le 10 septembre. Aussitôt après le départ de l'officier allemand, quelques obus furent lancés, mais ce n'était là qu'un simulacre de bombardement, et l'on ne pensait pas que l'ennemi voulût réellement assiéger la ville. Cependant il continua de l'investir, et, après avoir jeté un pont sur l'Aisne, il incendia divers bâtiments dans le faubourg. Au commencement du mois d'octobre, les Prussiens étaient encore devant Soissons, et la garnison leur livrait souvent des combats heureux. Dans une sortie qu'elle fit le 3 octobre, deux régiments de l'armée du duc de Meklembourg furent mis en déroute : un bataillon de mobiles de l'Aisne, commandé par M. Fitz-James, et un bataillon du 15e de ligne s'étaient particulièrement distingués dans cette affaire. L'ennemi commença le 12 à bombarder la place des hauteurs voisines ; le 16, elle fut forcée de capituler. Le lendemain, la ville de Montdidier, après une courte canonnade, était également contrainte de subir la loi du plus fort et de payer une contribution de guerre de 50,000 francs.

Dès que Strasbourg fut tombé, une partie des troupes qui en faisaient le siége attaquèrent Neuf-Brisach. Les premiers coups de canon furent tirés le 7 octobre ; on riposta vigoureusement de la place. Le 12, l'investissement était complet : 8,000 hommes environ cernaient la ville ; mais la garnison était bien approvisionnée, et tout le monde voulait se défendre. Sommé de mettre bas les armes, le commandant avait fait savoir au parlementaire prussien, qui lui accordait un délai d'une heure pour donner sa réponse, qu'il eût à revenir dans six mois. Quoi qu'il en soit, le fort Mortier fut forcé de capituler le 6 novembre ; les Allemands s'emparèrent de cinq canons et firent 220 prisonniers. Le 11, la place se rendit, avec 5,000 prisonniers, parmi lesquels 100 officiers ; l'ennemi prit 100 pièces d'artillerie.

Schlestadt fut investi quelques jours après le commencement du siége de Neuf-Brisach. Le 24 octobre, la ville fut contrainte de livrer aux assiégeants 2,400 prisonniers et 120 canons.

Le 3 novembre, à la suite de divers engagements, les Allemands parvinrent à cerner Belfort. Cette forteresse, située dans une plaine où s'élèvent plusieurs groupes de hauteurs, défend les passages entre les Vosges et le Jura : l'ennemi tenait d'autant plus à s'en emparer que c'est un des points les plus importants pour les communications avec le sud-est de la France, et que sa possession seule pouvait garantir complètement à l'Allemagne la partie méridionale de l'Alsace, dans le cas où, comme l'espéraient les Prussiens, nous devions leur abandonner cette riche province. Aux sommations qui lui furent faites par le général de Trescow, le colonel Denfert, commandant de la place, répondit fièrement que ses soldats et lui connaissaient l'étendue de leurs devoirs envers la France et qu'ils sauraient les remplir. Les forces concentrées devant Belfort s'élevaient à 40,000 hommes ; le bombardement commença le 5 novembre. Des villages entiers avaient été évacués par crainte du pillage et des réquisitions. La garnison faisait souvent des sorties ; mais, dans la nuit du 9 au 10 janvier, elle éprouva, au combat de Damjoutin, un échec très-sérieux ; les Allemands restèrent maîtres d'une position qui leur permit d'activer le bombardement. D'un autre côté, le général Bourbaki, dont l'intention était de débloquer la place, n'ayant pu percer les lignes prussiennes, avait dû opérer un mouvement en arrière, et Belfort se trouvait dans une situation périlleuse. Cette situation devint plus critique encore lorsque fut conclue la convention du 28 janvier. La Prusse profita de cette suspension d'armes pour envoyer de nouvelles troupes contre la place, et, le 8 février, les forts de haute et basse Perche furent occupés par l'ennemi. Le 14, le commandant, jugeant que de nouveaux sacrifices étaient inutiles, consentit à traiter. La garnison obtint de se retirer avec les honneurs de la guerre, emportant ses armes, ses bagages, les papiers et les archives.

Le 7 novembre, Mézières était entièrement enveloppé. La garde nationale, qui composait la garnison, fit une sortie dans laquelle elle tua 500 Allemands et s'empara d'un canon. Le lendemain, l'ennemi essaya, sans succès, de jeter un pont sur la Moselle ; il fut obligé de s'éloigner hors de la portée de notre artillerie. Le 21, la ville fut dégagée ; mais les Allemands reparurent bientôt devant ses murs, contre lesquels leurs efforts furent de nouveau inutiles. Le 1er janvier, ils furent attaqués par les assiégés, qui leur tuèrent bon nombre d'hommes. Le commandant ne dut pas moins se rendre ce jour-là même, et les Prussiens entrèrent le lendemain dans Mézières. De 500 maisons, 347 étaient détruites, et sur celles qui restaient debout, il n'y en avait pas 20 qui fussent intactes.

Dans le mois de novembre aussi, la Fère fut également assiégée. L'occupation de cette place avait de l'importance pour l'ennemi à divers points de vue : elle possédait un dépôt d'artillerie et était la clef de la Picardie et de la Normandie ; de plus, elle pouvait servir de base d'opération à une armée marchant sur Rouen et le Hâvre, et ouvrir aux Allemands une nouvelle ligne de retraite. Mais la Fère se défendait courageusement. Plusieurs sorties des mobiles du Gard amenèrent des combats funestes aux Prussiens. Il ne se passait presque pas de jour qu'on n'entendît retentir le canon ou le bruit de la fusillade. Cependant, quelle que fût l'énergie de la garnison, il lui fut impossible de tenir longtemps contre les formidables batteries des assiégeants, et, le 28, après un bombardement effroyable de trente heures, le commandant fut réduit à signer une capitulation : la garnison était prisonnière de guerre.

Vers le même temps, les Allemands dirigèrent des troupes et de l'artillerie de siége sur Longwy. Les horreurs et les désastres du bombardement de Thionville avaient jeté l'épouvante parmi la population, et beaucoup de femmes se réfugiaient dans le Luxembourg. L'ennemi toutefois ne fit pendant longtemps qu'investir la place : il ne commença à la bombarder que vers la mi-janvier, quand il vit qu'il lui serait difficile de la prendre par la famine. Le feu fut ouvert le 17. Plusieurs maisons furent démolies, des obus percèrent le clocher de l'église, des incendies éclatèrent sur différents points. Les Allemands, de leur côté, eurent une batterie démontée, et ce ne fut pas sans peine qu'ils repoussèrent une sortie de la garnison. Le 19, le bombardement cessa, mais ce fut pour peu de temps. Le 22, les assiégés réussirent à déjouer une tentative des Prussiens pour entrer par surprise dans leurs murs, et, à la suite d'un combat à l'arme blanche, ils les délogèrent de l'usine Huart, où ils s'étaient établis. Les Allemands obtinrent alors du duc de Luxembourg l'autorisation de mettre en batterie quelques-uns de leurs canons sur son territoire, sous le prétexte d'épargner aux habitants du duché les dégâts causés par les projectiles. Le bombardement recommença plus terrible qu'auparavant, et, dans la nuit du 24 au 25, le commandant de la forteresse se décida à se rendre. La ville était dans le plus triste état : un grand nombre de maisons avaient été détruites par le feu ; il n'y avait pas une rue où les obus n'eussent laissé des traces de leur passage.

CHAPITRE VII

La république proclamée à Paris. — Départ de l'Impératrice. — Approche des armées allemandes. — Combat de Châtillon. — Plan de l'ennemi. — Refus de la Prusse d'accorder un armistice à des conditions équitables. — Ballons. — Combat de Villejuif. — Attaque des villages de l'Hay, de Chevilly et de Thiais. — Emeute du 8 octobre. — M. Gambetta en ballon. — Sortie de la garde nationale. — L'artilleur Christman. — Combats de Rueil et du Bourget.

Consterné un moment par le désastre de Sedan, Paris reprit vite possession de lui-même et se disposa à lutter vigoureusement contre l'ennemi. Le 4 septembre, le Corps législatif se réunit à midi en séance publique. Le peuple manifestait énergiquement son désir, qui se traduisait par ce mot : « la déchéance ! » Vers deux heures et demie, la foule envahit la salle, et les cris de *Vive la République* se firent entendre, malgré les efforts de M. J. Favre pour rétablir le calme. Les ministres abandonnèrent alors leurs bancs, suivis d'un grand nombre de députés. Le président, M. Schneider, descendit du bureau, et le tumulte fut à son comble. A trois heures et demie, la République était proclamée à l'Hôtel de ville par les députés de Paris, moins M. Thiers. A trois heures trente-cinq minutes, le drapeau qui flottait sur le dôme des Tuileries fut amené.

Les députés de Paris se constituèrent membres du gouvernement provisoire, qui prit le nom de gouvernement de la Défense nationale.

Le général Trochu fut maintenu dans ses fonctions de gouverneur de Paris et nommé président du conseil.

Les autres membres du gouvernement étaient : MM. Arago, Crémieux, Jules Favre, Jules Simon, Gambetta, Jules Ferry, Glais-Bizoin et Garnier-Pagès.

Il fallut aussitôt pourvoir aux différents ministères : M. Jules Favre prit les affaires étrangères, M. Gambetta l'intérieur ; le général Le Flô fut appelé à la guerre, le vice-amiral Fourichon à la marine, M. Crémieux à la justice et M. Jules Simon à l'instruction publique. M. Ernest Picard prit en main la direction du ministère des finances ; quant aux ministères du commerce et des travaux publics, ils furent confiés, le premier à M. Magnin, le second à M. Dorian. M. Etienne Arago fut nommé maire de Paris, et M. Jules Ferry préfet de la Seine.

Le Corps législatif fut dissous, le Sénat aboli. Divers décrets parurent, parmi lesquels ceux qui abolissaient le serment politique et l'impôt du timbre sur les journaux et autres publications périodiques.

M. Crémieux fut délégué à Tours pour représenter le gouvernement et exercer le pouvoir. M. Glais-Bizoin et l'amiral Fourichon lui furent adjoints et formèrent la délégation du gouvernement de la Défense nationale.

M. de la Vausserie raconte ainsi les derniers moments passés aux Tuileries par l'Impératrice :

« Depuis le départ de l'Empereur, l'Impératrice, déclarée régente, avait tenu en main les rênes du gouvernement.

Dans des circonstances aussi difficiles, c'était une lourde charge que celui de la régence.

» L'Impératrice se montra ferme et résolue ; et nous devons lui rendre cette justice, qu'à chaque décision nouvelle que prenait le conseil des ministres, elle déclarait hautement qu'il fallait avant tout sauver la France et ne s'occuper qu'ensuite du sort de la dynastie.

» Mais quand l'Assemblée, chassée de la salle de ses délibérations, fut obligée de se disperser, l'Impératrice, qui avait lutté jusqu'au bout avec une rare énergie, comprit que tout était fini, et que, pour le moment, la dernière heure de l'empire avait sonné.

» Entourée des grands dignitaires de l'empire et des dames de sa maison, qui s'étaient rendues aux Tuileries à l'approche du danger qui menaçait leur souveraine, elle apprenait que peu à peu la foule s'approchait du palais, abattant partout les aigles qu'elle rencontrait sur son passage.

» L'Impératrice fit aussitôt appeler le général Mellinet, qui commandait les troupes chargées de la défense des Tuileries.

« Général, pensez-vous pouvoir défendre le château sans faire usage des armes ?

— Madame, je ne crois pas.

— Dès lors, dit l'Impératrice, tout est fini. Il ne faut pas ajouter à nos désastres l'horreur de la guerre civile. »

» Elle alla serrer la main, sans mot dire, aux personnes qui n'avaient pas encore reçu son adieu ; puis, se tournant vers les dames, elle leur dit :

« Ne restez pas ici, le temps presse. »

» Ce fut le signal des larmes ; les dames se pressaient autour d'elle, et couvraient ses mains de baisers.

» Elle parvint à se dégager doucement de ces étreintes

affectueuses, et, s'étant reculée jusqu'au fond du salon, toute pâle et frémissante, elle fit à l'assemblée son plus grand salut, celui des grandes circonstances, et disparut dans ses appartements intimes.

» Quelques instants après, l'Impératrice des Français, vêtue d'habits de deuil, montait dans une simple voiture de place en face de l'église Saint-Germain-l'Auxerrois, et se rendait incognito à la gare du Nord.

» Un train rapide la conduisit en quelques heures aux bords de la mer où elle s'embarqua pour l'Angleterre. »

Cependant le roi Guillaume, n'ayant plus rien à craindre du maréchal Mac-Mahon, poursuivait sa marche sur Paris. Le 4, les Prussiens prirent possession de la ville de Reims. Le général Vinoy ramenait sous les murs de la capitale son corps d'armée, qui n'avait été que peu engagé le 1er septembre, et les débris des troupes de Mac-Mahon : il avait l'ordre de ramener aussi la garnison de Laon et les autres troupes qu'il trouverait sur sa route. Des régiments nouveaux étaient en voie de formation ; on avait organisé dans les forts autour de Paris des ateliers pour la fabrication des cartouches, et ces ateliers avaient déjà fourni une quantité de produits importants. Le général Vinoy arriva intact le 7, avec treize trains d'artillerie, onze trains de cavalerie, quatorze trains d'infanterie. Le matériel de tout le chemin de fer du Nord, renforcé de celui des autres compagnies, retourna immédiatement prendre le reste de l'armée. L'ennemi approchait rapidement.

La première armée s'avançait par la route de Château-Porcien et par Soissons, pour arriver ensuite, par Villers-Cotterets et Nanteuil-le-Haudoin, à Saint-Denis. La seconde suivait la Marne, en passant par Epernay, Château-Thierry et Meaux, pour déboucher à Neuilly et à Pantin. La troisième se dirigeait sur Troyes, et de là, par Montereau et Melun, sur Vincennes. On ignorait encore quel était le plan du général de Moltke, s'il bombarderait la ville ou s'il en ferait l'investissement ; les soldats allemands redoutaient beaucoup les éventualités qui les attendaient.

Le 15 et le 16 septembre, les Prussiens étaient dans l'arrondissement de Senlis (Oise) et occupaient la gare de Creil ; le 17, on signalait leur présence à Beaumont, à une étape de Saint-Denis. Le même jour, d'autres avant-gardes se montraient près des fortifications de Paris, et bientôt des engagements eurent lieu à Gonesse, non loin de Chantilly, à Choisy-le-Roi, où les hussards bleus de la garde royale furent dispersés par l'escadron de nos francs-tireurs à cheval, et près du fort d'Ivry, sur la rive droite de la Seine. L'ennemi campait déjà à Villeneuve-Saint-Georges, à Pontoise et à Chelles ; sa cavalerie se portait sur Saint-Germain et menaçait Livry et Avron.

Le roi Guillaume ne voulait traiter qu'avec un gouvernement régulièrement établi : ce fut là, sans doute, le motif pour lequel le gouvernement de la Défense fixa au 2 octobre les élections pour la Constituante, auxquelles, d'après un précédent décret, il ne devait être procédé que le 14. Un autre décret incorpora dans la garde nationale sédentaire tous les hommes valides de 20 à 60 ans, ce qui élevait le chiffre des citoyens armés à 1,500,000 hommes. Il y avait en outre l'armée régulière et la garde mobile. L'armée de la Loire et l'armée de Lyon s'organisaient avec promptitude. On se figurait qu'il serait difficile à l'ennemi de vaincre et de réduire de pareilles forces ; mais ces masses manquaient de chefs, et de plus, la discipline, les vivres, l'équipement, les munitions faisaient généralement défaut.

Les premières tentatives des Prussiens contre Paris furent loin d'être heureuses. Ils échouèrent au passage de la Seine, et reçurent à Wissons une pluie de mitraille qui les força à rétrograder. Le 19 septembre, ils eurent à soutenir contre le général Ducrot un combat très-meurtrier. Les deux nuits précédentes, le général avait dressé des batteries sur le plateau de Châtillon. Son dessein était de couper l'ennemi dans son mouvement de flanc, pour aller s'établir à l'ouest de la place ; il couvrait d'ailleurs par une offensive hardie la hauteur de Châtillon, qu'il était extrêmement utile de conserver. La bataille commença à quatre heures du matin et dura presque toute la journée. L'aile gauche de nos lignes s'appuyait sur Villejuif, Bicêtre et l'Huy, occupait toute la vallée de la Bièvre et fermait la route d'Orléans, vers Bagneux, en deçà de Bourg-la-Reine. Le centre tenait le plateau de Bagneux à Fontenay, à Châtillon et à Clamart. L'aile droite garnissait les collines secondaires qui font face à Meudon, et s'étendent entre le val Fleury et les fonds de Clamart, de Vanves et d'Issy.

La lutte fut très-vive dès le matin. Notre artillerie put se déployer, et elle fit subir à l'ennemi des pertes sérieuses ; on évaluait à 25,000 le nombre des coups tirés par nos pièces. A midi, malheureusement, notre droite battit en retraite, et un grand nombre de fuyards, se répandant dans les quartiers à l'est de Paris, y causèrent une profonde émotion.

La gauche résistait énergiquement à Bicêtre, et le centre soutenait intrépidement le feu des Allemands vers Bagneux, lorsque la nouvelle de la déroute de l'aile droite vint affaiblir la confiance des troupes qui défendaient les positions du plateau : elles craignaient d'être tournées et de ne pouvoir plus rentrer dans la ville. Le général Ducrot fit sonner la retraite vers quatre heures. Les pièces placées en position à la redoute de Châtillon furent enclouées, les chevaux étant tous abattus.

Durant toute la journée, la garde mobile, représentée par deux bataillons qui voyaient l'ennemi pour la première fois, avait fait preuve de beaucoup de courage. Tandis que la droite lâchait pied, de jeunes bretons reprenaient, jusqu'à deux fois, avec des efforts prodigieux, les positions dont la défense leur avait été confiée, et ils ne les abandonnèrent définitivement que sur l'ordre du commandant en chef.

Pendant qu'on se battait ainsi sur le plateau de Châtillon, les Prussiens s'avançaient vers les coteaux qui dominent Saint-Cloud, et s'emparaient de la redoute encore inachevée de Montretout. Le même jour, ils entrèrent à Versailles sans coup férir ; c'était là qu'ils devaient établir leur quartier-général. Pour ce qui était de leur plan d'opérations, on pensait qu'il se résumait ainsi : tourner la capitale par le sud, pour couper les communications entre le gouvernement central et la délégation qui venait d'être envoyée à Tours ; — se contenter de menacer Paris, de le harceler et de le tenir en alerte jusqu'à ce que la reddition des places fortes assiégées, qu'ils considéraient comme une question de quinze à vingt jours, leur eût rendu la disposition de l'ensemble de leurs forces ; — en attendant le moment d'attaquer sérieusement la capitale, détacher deux corps d'armée, le premier vers Lyon, le second vers le Havre et Cherbourg ; — enfin, lancer de droite et de gauche des colonnes volantes pour courir le pays, fourrager, lever des contributions, en leur donnant pour appui un nouveau corps de cavalerie, fort de 75,000 chevaux, qu'on créait en Allemagne, et dont une partie était montée à l'aide de chevaux pris à notre armée.

Ces renseignements étaient déjà confirmés en partie par les mouvements de l'armée prussienne dans les derniers jours. Elle avait, en effet, tourné Paris par le sud, coupé les communications et pris Versailles, où le roi Guillaume allait s'installer. La marche annoncée sur le Havre paraissait également se dessiner. Le 23, dans la matinée, des éclaireurs se présentèrent à Mantes. Reçus à coups de fusil, ils revinrent le soir en forces, et, après avoir canonné la ville, ils firent, comme partout, des réquisitions, On ignorait encore si leur dessein était de se diriger aussitôt sur Rouen.

Les membres du gouvernement de la Défense nationale comprirent la gravité de la situation. Malgré les mesures prises et l'armée en formation dans l'enceinte de la capitale, ils voyaient d'avance les dangers et même les horreurs auxquels Paris pouvait se trouver exposé. Comme ce n'étaient pas eux qui avaient déclaré la guerre, ils voulurent, dans un but d'humanité, tenter d'arrêter les hostilités à des conditions honorables. M. Jules Favre se rendit à Ferrières où était le quartier-général du roi de Prusse, et vit M. de Bismarck.

Le 24, le gouvernement fit connaître le résultat de la conférence entre les deux ministres par cette proclamation, adressée à la France :

« Tours, 24 septembre.

» Avant l'investissement de Paris, M. Jules Favre, ministre des affaires étrangères, a voulu voir M. de Bismarck pour connaître les dispositions de l'ennemi.

» La Prusse veut continuer la guerre et réduire la

France à l'état de puissance de second ordre ; la Prusse veut l'Alsace et la Lorraine jusqu'à Metz par droit de conquête ; laPrusse pour consentir à un armistice, a osé me demander la reddition de Strasbourg, de Toul et du Mont-Valérien.

» Paris exaspéré s'ensevelirait plutôt sous ses ruines que de céder à d'aussi insolentes prétentions. En effet, on n'y répond que par la lutte à outrance : la France accepte cette lutte et compte sur tous ses enfants.

» Les membres délégués du gouvernement,

» Crémieux, Glais-Bizoin, Fourichon. »

Un décret de la même date portait que, vu la gravité des circonstances, les élections municipales et celles pour l'Assemblée constituante étaient suspendues et ajournées.

Il paraissait évident que le roi de Prusse s'était fait une loi de ne traiter qu'après être entré dans Paris. Il n'y avait qu'une manière de l'amener à modifier cette détermination : c'était de lui prouver, par une résistance désespérée, que la capitale ne se laisserait pas prendre. Les premiers actes du siége ne pouvaient donc manquer d'exercer une grande influence au point de vue, non-seulement de la situation militaire, mais aussi des chances d'une paix plus ou moins prochaine et plus ou moins honorable. L'ensemble des nouvelles permettait de penser que la cause nationale triompherait. Divers avantages avaient déjà été remportés dans le voisinage des forts, et les armements se poursuivaient avec activité sur tous les points du territoire. Quatorze départements de l'ouest se préparaient à la lutte ; des ateliers se formaient, et les populations ne devaient pas tarder à prendre les armes dans ces contrées où le dévouement est de tradition.

Paris, complétement investi, n'avait plus aucune communication avec la province. Dans ces circonstances, de hardis aéronautes rendirent des services qu'on n'a pas oubliés. Grâce à eux, des renseignements pouvaient être transmis, et de nombreuses familles recevaient par la voie aérienne des lettres impatiemment attendues. Les ballons-poste n'étaient pas une simple boîte aux lettres, mais une boîte aux lettres accompagnée de son facteur, un aéronaute exercé, qui maintenait l'aérostat dans les airs aussi longtemps qu'il y avait quelque danger à descendre, et ne prenait terre qu'après s'être assuré que la correspondance confiée à ses soins ne risquait pas d'être confisquée par les uhlans. Nadar avait été chargé d'organiser ce système. A Metz aussi on avait recours à la voie aérienne ; mais on ne pouvait que lancer, à tout hasard, de petits ballons, qui flottaient à l'aventure et tombaient n'importe où, à la grâce de Dieu. Peu de missives, par suite, arrivaient à leur destination.

Si le 19, sur le plateau de Châtillon, nos soldats avaient dû se retirer, nous obtînmes un succès le surlendemain. Les Prussiens, décimés par les canons du fort de Montrouge, furent repoussés avec des pertes sensibles. Les mobiles qui défendaient ce fort s'étaient admirablement conduits, et les batteries de celui de Vanves avaient mitraillé les fuyards. On estimait à 30,000 le nombre des hommes tués, blessés ou faits prisonniers, et on s'était emparé de plusieurs mitrailleuses. L'ennemi s'était trouvé cerné entre l'artillerie des forts et les troupes du général Vinoy. Les journaux allemands confirmaient eux-mêmes les avantages remportés par les Français dans cette journée; seulement ils n'évaluaient qu'à 9,000 le nombre des Prussiens mis hors de combat.

Le 23, plusieurs régiments de ligne abordèrent à la baïonnette l'infanterie ennemie ; 3,000 Allemands restèrent sur le terrain ; les autres se réfugièrent, suivant leur habitude, derrière leurs canons. Cette affaire se passa sur le plateau de Villejuif. Les forces allemandes s'élevaient à 30,000 hommes. Nos mitrailleuses leur firent subir de grandes pertes, mais les nôtres furent également sérieuses ; le général Guilhem périt dans ce combat. Nos troupes campèrent sur les positions occupées la veille par l'ennemi.

C'est au combat de Villejuif que l'on vit pour la première fois des religieux s'élancer bravement sur le champ de bataille, malgré le sifflement des balles, et courir ramasser les blessés et administrer les mourants. Dans le même temps, les Frères des écoles chrétiennes recevaient dans leurs ambulances nos soldats malades et blessés ; celle de la rue Oudinot, en particulier, était en pleine activité sous la protection de la maréchale de Mac-Mahon ; celle de Passy comptait aussi un grand nombre d'hommes atteints dans les sorties précédentes.

L'occupation de Villejuif et des Hautes-Bruyères nous permettait de dominer la vaste plaine qui s'étend loin au delà de Choisy-le-Roi, et de suivre les travaux que l'ennemi exécutait à droite, dans les villages de l'Hay, de Chevilly et de Thiais. La possession de ces trois villages était pour lui très-importante : le général Trochu les fit attaquer à la fois, le 30, au matin. Nos soldats obtinrent d'abord quelques succès, mais ils durent bientôt se replier, foudroyés par le feu des redoutes établies à l'entrée de chacun.

Des reconnaissances partielles avaient lieu presque chaque jour sur les autres points de l'enceinte fortifiée. Pendant ce temps-là, la garde nationale veillait sur les remparts, et ce fut pour elle un rude service jusqu'au jour où l'on fut convaincu que les Prussiens n'essaieraient pas de prendre Paris de force. La garde des remparts fut dès lors une véritable sinécure, où beaucoup d'ouvriers, devenus soldats, prirent ces habitudes d'oisiveté et d'ivrognerie qui devaient plus tard faire de beaucoup d'eux des communards.

Du reste, dès les premiers jours d'octobre, les chefs futurs de la Commune essayèrent de semer la discorde dans Paris, mais les bataillons qui, endoctrinés par eux, étaient descendus, le 8, sur la place de l'Hôtel de ville, durent s'éloigner assez promptement, et il n'y eut pas heureusement de collision.

La veille, il s'était passé un fait digne d'attention. Dans la soirée du 7, on fut informé à Amiens que le ministre de l'intérieur avait quitté Paris en ballon ; le 8, en effet, à huit heures du matin, M. Gambetta était à l'hôtel de la préfecture de cette ville. Son voyage n'avait pas été sans danger. Au delà de Chantilly, l'aéronaute croyant voir des mobiles, se mit en mesure d'opérer la descente ; il s'aperçut aussitôt que les prétendus mobiles étaient des Prussiens qui nettoyaient leurs armes devant une grange crènelée. On prit terre près de Montdidier. La nacelle se trouva arrêtée un moment dans les branches d'un gros chêne, et ce ne fut pas sans difficulté qu'on l'amena vers le sol.

Le ministre partit d'Amiens vers midi et demi, et se rendit à Rouen par le chemin de fer. De Rouen, il se dirigea vers Tours, où il allait se joindre à la délégation du gouvernement.

Les troupes qui participaient aux travaux du siége de Paris s'élevaient à environ 300,000 hommes, divisés en deux armées. L'une de ces armées, sous les ordres du prince royal de Prusse, avait pris position devant le front sud de l'enceinte de la ville ; son quartier-général était à Versailles : elle couvrait les hauteurs de Clamart, de Meudon, de Montretout et de Sèvres. La seconde, placée sous le commandement du prince de Saxe, se tenait à une certaine distance du front nord-est, et se bornait provisoirement à investir de ce côté la capitale. C'étaient des détachements de cette seconde armée qui se portaient sur la Normandie par Mantes et Vernon, ainsi que par Beauvais, Gournay et Gisors, en même temps qu'un autre corps, celui du prince Albert, après être entré dans Orléans, se disposait, disait-on, à marcher sur Bourges.

Tout indiquait que l'attaque des Prussiens serait dirigée contre le front sud. L'état-major allemand était persuadé, à tort ou à raison, que la partie protégée par les forts d'Ivry, de Vanves, de Montrouge, de Bicêtre et d'Issy était la plus faible de la défense, parce que les trois premiers sont dominés, à 500 mètres d'élévation, par le plateau de Clamart et de Châtillon. C'est dans ce but que l'ennemi s'était hâté d'occuper ce plateau et de se rendre maître des ouvrages commencés près du moulin de la Tour. De ces hauteurs, il pourrait diriger un feu épouvantable contre les forts d'Issy, de Vanves et de Montrouge. La prise de l'un d'eux lui permettrait de donner au bombardement des proportions terribles, et, dans le cas où la canonnade n'amènerait pas une capitulation, d'attaquer, avec des chances sérieuses de succès, la partie sud-ouest de l'enceinte, que défendait en ce moment le fort d'Issy. Mais il ne devait pas attendre que ces forts fussent en son pouvoir pour lancer des bombes dans la place.

On connaissait à Paris les intentions des Allemands ; on résolut de leur montrer ce que peut un peuple qui veut sauver son honneur. Impatientée derrière ses murailles, la garde nationale demanda à faire une sortie. Des nouvelles arrivées à Tours par ballon apprirent, le 14 octobre, qu'une première victoire avait été remportée sur toute la ceinture. Les Prussiens avaient été délogés des positions qu'ils tenaient depuis trois semaines : au nord, dans la direction de Saint-Denis, on les avait repoussés au delà de Stains, de Pierrfitte et de Dugny ; à l'est, on leur avait repris Bobigny, Joinville-le-Pont, Créteil et le plateau d'Avron ; au sud-ouest, ils avaient perdu le bas Meudon et Saint-Cloud, et avaient été refoulés sur Versailles ; malheureusement, des bombes françaises avaient incendié le château de Saint-Cloud. D'aussi admirables exemples ne pouvaient laisser les départements insensibles, et l'on ne doutait pas que la province ne s'empressât de voler au secours de la capitale.

Les batteries des forts faisaient beaucoup de mal aux assiégeants. Il y avait parmi les canonniers qui les servaient un homme dont on signalait particulièrement l'habileté : c'était un Alsacien du nom de Christman, qui, grâce à la justesse extraordinaire de son tir, et à la puissance formidable des pièces de marine, accomplissait de véritables prodiges. On assurait que, sur 25 coups tirés par lui, 23 atteignaient le but. Il avait empêché les Prussiens d'établir des ouvrages à Montretout, et chaque fois qu'il s'agissait d'une opération de précision, c'était lui qui en était chargé. Aussi voyageait-il constamment de fort en fort, et toujours, sur son passage, il était l'objet d'ovations enthousiastes. La canonnière Farcy rendait également de grands services à la défense ; elle avait démoli les ouvrages que l'ennemi avait tenté d'élever à Louvres, et, par suite, les Prussiens n'étaient pas encore parvenus à installer une batterie assez rapprochée pour pouvoir bombarder la ville.

L'arc-de-triomphe de l'Etoile allait devenir une véritable citadelle : d'épaisses plaques de tôle l'envelopperaient d'un revêtement impénétrable ; le groupe du *Chant du départ*, de Rude, tourné d'ailleurs vers le côté le moins exposé, devait être protégé par des matelas et des terrassements qui le mettraient à l'abri des boulets et des balles. On se préparait à élever des ouvrages en terre et en maçonnerie qui rendraient imprenable la forteresse improvisée.

Le 13 octobre, le général Vinoy tenta une nouvelle reconnaissance vers Bayeux et Châtillon. Elle fut brillamment conduite. Les mobiles de l'Aube et de la Côte-d'Or se battirent comme de vieilles troupes ; mais, après de légers succès, il fallut, comme toujours, se replier sous le canon des forts, car l'ennemi, un instant surpris, faisait avancer ses réserves, et alors la lutte devenait par trop inégale.

Le reste du mois se passa ainsi en petits combats sans importance : il y a lieu cependant de signaler ceux de Rueil et du Bourget.

Le 21, le général Ducrot attaqua, avec une dizaine de mille hommes et un certain nombre de bouches à feu, les positions de l'ennemi à Rueil, à la Malmaison et à Bougival. Les Prussiens perdirent un instant pied, et notre infanterie se précipita en avant avec un admirable entrain ; mais, à la nuit, le général Ducrot dut donner l'ordre de la retraite, nos troupes n'étant pas assez nombreuses pour conserver ces points avancés, qui pouvaient, d'un moment à l'autre, être entourés par les Allemands.

Au Bourget, il ne s'agissait que d'une simple reconnaissance. Ce village, situé à la bifurcation de différentes routes se dirigeant les unes au nord, les autres à l'est, était d'un grand secours à l'ennemi : le général de Bellemare, qui commandait à Saint-Denis, résolut de s'en emparer. Le 28, à cinq heures du matin, il conduisit ses troupes à l'attaque. Les francs-tireurs de la Presse et les 8ᵉ et 15ᵉ bataillons des mobiles de la Seine enlevèrent courageusement les barricades élevées par les Prussiens ; ceux-ci abandonnèrent le village, et ne purent même se reformer en colonnes qu'au Pont Iblon.

Le Bourget était à nous, mais on ne prit pas immédiatement les mesures nécessaires pour les conserver. Aussi fut-il attaqué vivement le 29 par l'ennemi, qui parvint à s'y installer de nouveau le 30, malgré les prodiges accomplis par les nôtres.

L'effet moral produit par cette défaite, essuyée sous le feu même de nos forts, dit M. de la Vausserie, fut considérable. Les honnêtes gens étaient dans la désolation, tandis que les perturbateurs, qui ne pensaient qu'à renverser le gouvernement afin de se substituer à lui, en profitaient pour faire, à cette occasion, une journée d'émeute.

CHAPITRE VIII

Les préparatifs de défense se poursuivent à Paris et dans les provinces. — Emeute du 31 octobre. — La France ne peut compter que sur elle. — Plan des généraux ennemis. — Prise d'Orléans et de Saint-Quentin. — Prise et incendie de Châteaudun. — Engagements sous Metz. — Aventure du général Bourbaki. — Croyance à la fin de la guerre. — On parle d'un armistice. — Capitulation de Metz.

Dès le commencement d'octobre, les Prussiens avaient à peu près achevé les préparatifs du siège de Paris. Leurs canons et leurs mortiers étaient en position, et l'on pensait qu'ils ne tarderaient pas à commencer l'attaque régulière des forts. Le gros de l'armée allemande occupait les hauteurs depuis Châtillon jusqu'à Bezons : cinq corps et une importante artillerie étaient rassemblés sur ce point. Au nord et à l'est de la ville, l'ennemi établissait, à grande distance, de très-nombreuses batteries appuyées par des postes d'infanterie et reliées les unes aux autres par des escadrons de cavalerie sans cesse en mouvement. Il s'efforçait d'entourer ainsi la capitale d'une sorte de circonvallation qu'il serait impossible aux assiégés de franchir sans le rencontrer. Le Point-du-Jour paraissait être directement menacé, et la population de la région occidentale de la ville se préparait de son mieux à l'épouvantable canonnade qui pouvait éclater d'un moment à l'autre. Mais une fois les oreilles des Parisiens habituées à cet infernal vacarme, il y avait lieu de croire qu'ils n'auraient d'autre souci que de venger l'outrage fait à leur chère cité par les barbares du Nord. Calme, intrépide, capable de tous les dévouements, la population était résolue à rendre à l'auteur de la guerre le soufflet qu'elle avait reçu de lui.

Malheureusement, l'affaire du Bourget et la capitulation de Metz connue le même jour vinrent jeter le découragement dans les cœurs. Les journaux radicaux, qui, depuis le commencement du siège, accusaient hautement le gouvernement de trahir les intérêts de la France, et ne cessaient de réclamer l'établissement de la *Commune de Paris*, exploitèrent fort habilement cette double circonstance et réussirent à provoquer un mouvement insurrectionnel.

Le 31 octobre, dès le matin, on battit le rappel dans les quartiers de Belleville et Ménilmontant, et, vers onze heures, les bataillons commencèrent à se diriger vers l'Hôtel de ville. Après de vives discussions, des coups de feu furent tirés, et les portes furent forcées par les gardes nationaux en armes. Delescluze et Félix Pyat déclarèrent la déchéance du gouvernement du 4 septembre, puis ils en constituèrent un nouveau, dont ils firent naturellement partie. Mais, à huit heures du soir, au moment où Blanqui, Flourens et leurs amis allaient prendre en mains la conduite des affaires, des bataillons fidèles arrivèrent : le 106e, commandant Ibos, pénétra dans l'Hôtel de ville, et délivra le général Trochu et ses collègues, retenus prisonniers dans la salle où ils délibéraient. Les mobiles bretons arrivèrent à leur tour, et les condottieri, cernés par des forces supérieures, furent contraints de se rendre.

On avait en vain espéré que M. Thiers déciderait l'Angleterre, la Russie et l'Autriche à intervenir. L'illustre homme d'Etat s'était rendu à Londres et à Saint-Pétersbourg ; on l'avait reçu avec les plus grands égards, mais sans lui accorder ce qu'il désirait : il n'avait pas été plus heureux à Vienne. La France ne devait compter que sur elle ; il s'en fallait, du reste, qu'elle se laissât abattre. Si Paris étonnait l'Europe par sa courageuse résistance, par les succès partiels que remportaient presque journellement ses défenseurs sur les troupes du roi Guillaume, la province commençait à s'armer. Les zouaves pontificaux étaient arrivés à Tours pour concourir au salut de la patrie, et l'on attendait d'Afrique plusieurs régiments.

Le plan des généraux ennemis paraissait consister surtout à s'emparer de la ligne de Paris au Havre et à envahir la Normandie. Ils comptaient par ce moyen couper la France en deux tronçons, isoler le Nord du Midi, et avoir ainsi plus aisément raison des forces départementales. Déjà ils avaient lancé différents petits corps d'armée dans les directions diverses, avec l'ordre de se réunir à Rouen pour marcher ensuite sur le Havre. Une fois la Normandie en leur pouvoir, ils devaient chercher à se rendre maîtres des grandes places du Nord et du Sud, et ils commençaient à tenter des coups de main avec des colonnes volantes : on les avait vus apparaître simultanément à Saint-Quentin, à Chartres et aux environs de Nevers. Mais ce n'était encore que des essais pour sonder l'esprit des populations ; les opérations importantes étaient ajournées. Ces projets étaient basés, comme tout ce que les Allemands avaient fait jusque-là, sur la panique que des succès imprévus avaient produite dans le pays.

Pendant que Paris investi faisait tous ses efforts pour

tenir à distance les troupes prussiennes, l'élan patriotique se réveillait un peu partout dans les provinces. Les jeunes recrues appelées sous les drapeaux se groupaient dans les centres de réunion qui leur étaient indiqués, et, malgré la pénurie d'officiers exercés, des bataillons se formaient, qui ne devaient pas tarder à se mesurer avec l'ennemi. Le 6 octobre, le général Von der Tann rencontra à Toury, non loin d'Etampes, l'avant-garde de l'armée française. Ce premier combat resta indécis; mais, par malheur, le général de La Motterouge, qui n'avait avec lui qu'une vingtaine de mille hommes, fut obligé de se replier, le 10, à Arthenay, devant des forces évaluées à 50,000 hommes, et que soutenait une artillerie puissante. A la suite de ce combat, où les Prussiens nous firent 2,000 prisonniers, l'armée occupa, le 12, Orléans. Cette occupation n'eut pas lieu cependant sans coup férir : les quelques milliers d'hommes qui formaient notre arrière-garde infligèrent à l'ennemi des pertes sérieuses. Les zouaves pontificaux, quoique peu nombreux, arrêtèrent, presque à eux seuls, au carrefour des Quatre-Chemins, une partie de ses troupes. Le 15, leur capitaine, M. Le Gonidec, fut élevé au grade de chef de bataillon.

Les Prussiens n'avaient pas été aussi heureux à Saint-Quentin. Le 8, vers dix heures et demie du matin, ils furent signalés sur la route de la Fère. Les gardes nationaux se rendirent aussitôt à leur poste, ayant dans leurs rangs le préfet, M. Anatole de la Forge. Des barricades avaient été construites; la lutte dura plusieurs heures. Les Allemands voyant qu'ils avaient perdu une trentaine des leurs, battirent en retraite sur la route de Marle : ils étaient 600 fantassins et 300 cavaliers. On supposait que, honteux de cet échec, ils reviendraient : on ne se trompait pas.

Suivant leur habitude, ils se présentèrent, à quelques jours de là, au nombre de plusieurs milliers, et une contribution de 1,500,000 francs fut imposée à la malheureuse ville qui avait eu l'audace de repousser les envahisseurs. Saint-Quentin fut dès lors occupé et mis hors d'état de ne rien tenter pour sa délivrance.

A peine maître d'Orléans, l'ennemi s'avança dans l'intérieur du pays, et, le 18, il se présenta devant la petite ville de Châteaudun. Sa surprise fut grande de se voir accueilli par une fusillade nourrie. De midi à six heures, la garnison et les habitants soutinrent noblement la lutte contre de l'artillerie et de la cavalerie. Les Prussiens parvinrent alors à tourner une barricade et à s'établir sur la place, qui leur fut néanmoins reprise ; mais, à neuf heures, il fallut songer à la retraite, et les Allemands, renouvelant les cruautés de Bazeilles, mirent le feu partout. Un quartier tout entier fut réduit en cendres. Le gouvernement de la Défense nationale décréta que Châteaudun aussi avait bien mérité de la patrie.

Le 31 août, le maréchal Bazaine avait, ainsi qu'on l'a vu, essayé de forcer les lignes allemandes et de se frayer un chemin au nord, vers Thionville, afin d'opérer sa jonction avec Mac-Mahon. Cette tentative, quoique suivie d'un énergique effort le lendemain, fut repoussée par les Prussiens, qui, depuis le 18, s'étaient soigneusement retranchés en vue des attaques de l'armée française.

A partir de ce moment, le canon cessa à peu près de résonner autour de la place investie ; de loin en loin seulement, les forts lançaient quelques boulets, lorsque des colonnes ennemies étaient aperçues défilant à portée.

De leur côté, les Allemands paraissaient se recueillir. Pendant toute une semaine, aucune démonstration de leur part ne vint troubler la sécurité de nos avant-postes ; mais cette semaine fut remplie par des événements graves. Le désastre de Sedan consommé, l'une des préoccupations pressantes des Prussiens devait être d'en transmettre la nouvelle à Metz. Aussi, dans les journées des 7, 8 et 9 septembre, des journaux allemands et des prisonniers échangés pénétrèrent-ils dans la ville.

Dans la soirée du 9, les Prussiens se hasardèrent à attaquer la place. Les forts ripostèrent, mais l'ennemi resta à distance : son artillerie seule était dirigée contre nous. Pendant un peu plus d'une heure, la canonnade fit rage ; enfin le feu s'éteignit. Il ne nous en avait coûté que quelques hommes. Le bombardement se borna à cette tentative qui, durant tout le siége, ne se renouvela plus. Les Allemands préféraient prendre Metz par la famine.

A cette date, sur l'initiative du général Lapasset, une expédition sur Peltre s'effectua avec le concours de quelques régiments du 3e corps. Le but de l'entreprise était de détruire les ouvrages des Allemands, qui s'agglomèraient chaque jour autour de Mercy-le-Haut, de s'emparer des approvisionnements rassemblés à Peltre, et, le cas échéant, de pousser vers Courcel-sur-Nied, afin d'enlever les magasins de vivres. Pour la mener à bonne fin, il était nécessaire d'utiliser la voie ferrée, mais la voie ferrée était coupée. Cette découverte força les nôtres à rebrousser chemin. La brigade Lapasset regagna donc ses positions, non toutefois sans avoir combattu et fait bon nombre de prisonniers.

Deux autres petites expéditions furent dirigées ultérieurement vers Ladouchamp et Lessy. Comme résultat, elles n'eurent qu'une importance tout à fait secondaire.

Enfin, le 7 octobre, des ordres furent donnés par le

maréchal Bazaine pour l'exécution d'une pointe vigoureuse sur les hameaux des Grandes et des Petites-Tapes, les villages de Saint-Remy et de Woippy, sur la rive gauche de la Moselle, en face des positions occupées par le 6ᵉ corps. On s'attendait à un véritable combat. Malheureusement l'ennemi, réuni en nombre considérable, avait pris ses dispositions pour la défense de ses avancées, et il fallut se replier sans avoir obtenu aucun succès. Ce fut le dernier des engagements sous Metz.

On parlait beaucoup à cette époque d'une histoire étrange relative au général Bourbaki. Nous ne pouvons mieux faire que de reproduire ce que le général raconta à ce sujet devant le 1ᵉʳ conseil de guerre, à l'audience du 18 novembre 1873.

« Pour comprendre, dit-il, l'incident Régnier, il faut se reporter à l'état où nous étions au moment où il s'est produit.

» Le 24 septembre, nous n'avions plus que de mauvais chevaux, une cavalerie désorganisée, une artillerie qu'on ne pouvait traîner qu'à grand'peine. Nous savions qu'au dehors il n'y avait plus de grands efforts à espérer pour notre délivrance. Bref, il y avait à Metz beaucoup d'inquiétude.

» J'avais été jusqu'au fort Saint-Julien, et je me trouvais à peine de retour, lorsqu'un message du maréchal Bazaine me détermina à me rendre immédiatement au Ban-Saint-Martin.

», J'accourus. Le maréchal me parla d'un visiteur qui, disait-il, venait de la part de l'Impératrice. Avant de me mettre en relations avec cet inconnu, il me le montra, en me disant :

« Vous avez déjà dû le rencontrer aux Tuileries, aux bals de la cour, peut-être? »

» Je répliquai que jamais je n'avais vu nulle part ce visage. Néanmoins, M. le maréchal me dit qu'il s'agissait d'aller en Angleterre, que l'Impératrice désirait voir le maréchal Canrobert et moi ; que le maréchal Canrobert ne pouvait faire le trajet ; qu'il fallait donc que ce fût moi. Puis, nous entrâmes dans son cabinet, et, au bout d'un instant, il me laissa seul avec M. Régnier.

» M. Régnier me dit qu'un armistice était sur le point de se conclure entre M. de Bismarck et M. Jules Favre ; que M. de Bismarck répugnait à traiter avec la Défense nationale ; qu'il préférerait traiter avec l'Impératrice ; que l'Impératrice obtiendrait de meilleures conditions avec le pays ; qu'elle avait besoin de s'entendre avec l'un de nous.

» Avant de donner aucune réponse au négociateur, je rejoignis au jardin M. le maréchal Bazaine et je lui demandai ce qu'il fallait faire. Il était avec son aide-de-camp, M. Boyer.

« Il n'y a pas à hésiter, répliqua-t-il, il faut partir. » J'acceptai de partir et je dis au maréchal :

« Je ne vous demande que trois choses : la première, que vous me donnerez un ordre écrit ; la deuxième, que demain vous porterez mon départ à l'ordre de l'armée ; la troisième, que la garde ne sera pas engagée en mon absence. » Le maréchal consentit.

» Je passe les détails de changement de costume, le maréchal me prêta des habits. Nous allâmes vers les avant-postes, le soir, avec des médecins luxembourgeois, dont la sortie avait été demandée par l'ennemi.

» Nous ne pûmes traverser le soir même ; mais le lendemain, on nous livra passage et je fus conduit en voiture jusqu'à Corny. Des officiers prussiens voulaient causer. Je leur dis : « Laissez-moi, nous sommes ennemis. » On me mena jusqu'à Remilly, et à partir de là, je pus voyager librement.

» Je me dirigeai par les voies rapides vers l'Angleterre. Je me présentai à l'Impératrice. Elle fut bien surprise de me voir. Quand je lui eus expliqué mon voyage, elle me dit qu'elle allait réfléchir.

» Quelques heures après, l'Impératrice me fit appeler et me dit : « Ma réponse est absolument négative. Je ne dois pas entraver l'œuvre de la défense du pays. » Je vis qu'il n'y avait qu'à repartir.

» Mais pourrais-je regagner Metz ? Je m'aperçus bien vite qu'il ne fallait pas l'espérer. J'avais vu les positions de l'ennemi. Je pouvais rapporter des renseignements et des encouragements. Les Prussiens se refusèrent à mon retour à Metz.

» Je me rendis à Bruxelles, où je vis M. Tachard, ministre de France, qui transmit à Tours mon offre de service dans les armées de province. Le gouvernement de la Défense nationale me donna des commandements dans lesquels je fus heureux de servir mon pays, bien que convaincu que mes efforts seraient malheureusement impuissants. »

Quelle qu'eût été l'issue de cette affaire, il fallait se féliciter de voir qu'elle procurait au pays un homme de guerre de plus à la hauteur de la situation, et l'on comptait beaucoup sur les efforts et l'habileté du vaillant Bourbaki.

La croyance générale était, du reste, que la guerre cesserait bientôt. Il y avait dans les esprits une tendance pacifique, et tout le monde était convaincu que M. de Bismarck songeait à mettre fin aux hostilités. La Prusse n'avait guère plus à gagner. Elle était, à Sedan, à l'apogée de sa gloire. Depuis lors, bien qu'elle n'eût pas essuyé de revers sérieux, elle avait, par le fait, éprouvé un grand échec : elle n'avait pas pris Paris, et l'on savait qu'il lui serait difficile de le prendre. La surprise contre la capitale n'avait pas réussi, l'attaque de vive force moins encore ; on en concluait que le grand chancelier de la Confédération de l'Allemagne du Nord inclinerait à traiter, en profitant de ses avantages, avant d'être contraint d'en venir à un bombardement qui aurait quelque chose d'odieux. On se trompait. Dans le même temps, le gouvernement de la Défense créait quatre commandements supérieurs régionaux, qui furent confiés aux généraux de division Bourbaki, Fidreck, de Polhès et Cambriels. Le général Bourbaki, notamment, avait sous sa direction les départements de la Seine-Inférieure, de l'Oise, une partie de l'Eure, ceux du Nord, du Pas-de-Calais, de la Somme, de l'Aisne et des Ardennes. On ne regardait pas comme impossible qu'il pût aller délivrer le maréchal Bazaine.

M. Thiers venait d'arriver à Tours de son voyage diplomatique. Une dépêche de Londres, du 22 octobre, annonçait que l'Angleterre avait pris l'initiative de négociations relatives à un armistice, et que les autres puissances consentaient à l'appuyer. Convenait-il de s'en réjouir ? Les rigueurs croissantes de la saison d'automne, les viriles défenses de Paris et de Metz, les résistances partielles qui s'accentuaient de plus en plus dans les provinces, la formation prochaine de deux armées au Nord et au Sud, rendaient chaque jour plus critique la position des troupes allemandes, que l'éloignement de leurs frontières gênait beaucoup dans leurs opérations. Un armistice ne pouvait être dès lors considéré que comme un désavantage pour nous et un accroissement de chances pour l'ennemi. Dans de pareilles conditions, on ne pouvait l'approuver que s'il devait être suivi d'une paix honorable. C'était là l'opinion d'un grand nombre.

Tel était l'état des esprits quand les journaux anglais apportèrent une grave et douloureuse nouvelle, si douloureuse et si grave que beaucoup refusaient de la tenir pour certaine jusqu'à ce qu'elle fut confirmée par des documents français : le maréchal Bazaine avait capitulé, ainsi que la forteresse de Metz. Les journaux anglais disaient vrai. C'est encore à M. de la Vausserie que nous emprunterons les détails relatifs à cet événement considérable. Nul ne nous semble avoir résumé avec plus de clarté ce qui le concerne.

« La ville de Metz n'avait pas été plus privilégiée que les autres places de guerre, et si ses forts n'avaient pas été mis sérieusement en état de défense, ses approvisionnements, déjà insuffisants pour la ville elle-même et sa garnison, si elle eût été forcée de subir un long siège, s'épuisèrent vite par suite de l'installation de Bazaine sous les murs.

» Nos soldats commencèrent donc de bonne heure à manquer de tout, et bientôt les vivres pour les chevaux firent complétement défaut.

» En présence de cette situation, le sort réservé à l'armée n'était pas douteux : c'était une capitulation à courte échéance.

» Les esprits, du reste, étaient fort excités : chaque jour apportait son contingent de mauvaises nouvelles ; la catastrophe de Sedan, la journée du 4 septembre et la chute de l'empire étaient vivement commentés et ajoutaient encore à la gravité de la situation.

» Les combats partiels qui se livraient à chaque instant ne faisaient que confirmer nos soldats dans la conviction où ils étaient, que si les lignes prussiennes avaient pu être franchies, c'était en partant de Metz, à la fin d'août, mais qu'il était désormais trop tard.

» Les Prussiens, en effet, ne s'étaient point départis, à l'égard de Metz, des mesures de précautions prises pour la France en général; l'espionnage était d'autant mieux organisé dans Metz, que la ville renfermait un grand nombre d'Allemands qu'on n'avait pas pris le temps de congédier.

» Un jour qu'il y eut échange de prisonniers, les Prussiens, après avoir indiqué le nombre qu'ils demandaient, indiquèrent et le nom et les numéros des rues où logeaient ceux qu'ils réclamaient. Il n'est donc pas étonnant qu'à chaque sortie projetée, ils en fussent instruits de manière à prendre leurs mesures en conséquence; c'est ce qui arrivait chaque fois.

» Enfin, quand les provisions firent complétement défaut, à la ville et à l'armée, et qu'il n'y eut plus en réserve que quelques jours de vivres, il fallut bien, bon gré mal gré, consentir à se rendre.

» Le 12 octobre, le général Boyer fut envoyé près du prince Frédéric-Charles afin de traiter des conditions de la paix; mais, par malheur, le prince n'avait pas les pouvoirs suffisants, et le général, soigneusement escorté, dut se rendre à Versailles, où se trouvait le roi Guillaume.

» Il reçut là, de la part de M. de Bismarck, des détails fort étendus sur l'état déplorable dans lequel se débattait la France; on lui parla du gouvernement de la Défense nationale, dont les membres ne pouvaient s'entendre entre eux, des provinces de la Normandie qui avaient appelé des soldats allemands pour maintenir l'ordre; enfin, M. de Bismarck ne voyait nulle part, en France, d'autorité avec laquelle le roi pût traiter, ne reconnaissant de gouvernement légitime que celui de la régence uni à l'armée du Rhin.

» Quand, de retour à Metz, le général Boyer rendit compte de sa mission au maréchal Bazaine, celui-ci, d'accord avec son conseil, décida que le général irait à Londres consulter l'Impératrice.

» Cette détermination s'explique assez, puisque, pendant tout son voyage, le général Boyer avait été si bien surveillé qu'il n'avait pu avoir le moindre entretien avec qui que ce fût. Il ne connaissait donc l'état de la France que par le triste tableau que lui en avait tracé le chancelier allemand.

» Enfin, le 24, une dépêche du général Boyer, portant que l'Impératrice renonçait à venir au milieu de l'armée pour y convoquer l'ancienne Chambre et traiter des conditions de la paix, le général Changarnier se rendit près du prince Frédéric-Charles afin d'en obtenir les conditions les plus avantageuses.

» Le prince, fort mécontent, ne voulut rien entendre : il connaissait mieux que personne la situation déplorable de l'armée, et il exigea qu'elle se rendît aux conditions qu'il plairait au vainqueur de lui imposer.

» Ce fut le général de Cissey qui fut chargé d'aller connaître les intentions du prince ; et, le lendemain, le général Jarras recevait les pleins pouvoirs nécessaires pour traiter de la capitulation.

» Elle fut signée le 28 : les soldats ne devaient pas défiler devant l'armée ennemie, mais les armes, les drapeaux seraient livrés aux Prussiens ; l'armée serait prisonnière de guerre, et Metz abandonnée aux Allemands.....

» Le 29, eut lieu le plus douloureux sacrifice, celui de la livraison de l'armée aux vainqueurs. Nos soldats, sans armes, furent conduits par leurs officiers jusqu'en avant des postes avancés, où des commissaires prussiens firent l'appel par compagnies ; celles-ci furent remises à des sous-officiers allemands, qui les conduisirent au milieu d'une mare de boue et sous une pluie torrentielle, dans des campements préparés à l'avance.

» Les officiers devaient se constituer prisonniers avec leurs soldats, ou s'engager par écrit à ne plus servir contre la Prusse pendant toute la durée de la guerre.

» Les maréchaux, par ordre du roi de Prusse, durent, selon le désir exprimé par l'Empereur Napoléon, se rendre à Cassel.

» Et Metz, cette belle et noble cité, qui se glorifiait à bon droit de n'avoir jamais été souillée par le contact du vainqueur, Metz recevait dans ses murs les bataillons ennemis qui nous avaient réduits par la famine. »

Avant de quitter la place pour se rendre à Cassel, le maréchal Bazaine adressa à l'armée du Rhin l'ordre général suivant :

« Vaincus par la famine, nous sommes contraints de subir les lois de la guerre en nous constituant prisonniers.

A diverses époques de notre histoire militaire, de braves troupes, commandées par Masséna, Kléber, Gouvion-Saint-Cyr, ont éprouvé le même sort, qui n'entache en rien l'honneur militaire, quand, comme vous, on a aussi glorieusement accompli son devoir jusqu'à l'extrême limite humaine.

» Tout ce qu'il était loyalement permis de faire pour éviter cette fin, a été tenté, et n'a pu aboutir.

» Quant à renouveler un suprême effort pour briser les lignes fortifiées de l'ennemi, malgré votre vaillance et le sacrifice de milliers d'existences, qui peuvent encore être utiles à la patrie, il eût été infructueux, par suite de l'armement et des forces écrasantes qui gardent et appuient ces lignes : un désastre en eût été la conséquence.

» Soyons dignes dans l'adversité, respectons les conventions honorables qui ont été stipulées, si nous voulons être respectés comme nous le méritons. Evitons surtout, pour la réputation de cette armée, les actes d'indiscipline comme la destruction d'armes et de matériel, puisque, d'après les usages militaires, places et armement devront faire retour à la France lorsque la paix sera signée.

» En quittant le commandement, je tiens à exprimer aux généraux, officiers et soldats toute ma reconnaissance pour leur loyal concours, leur brillante valeur dans les combats, leur résignation dans les privations, et c'est le cœur brisé que je me sépare de vous.

» Le maréchal de France, commandant en chef,

» BAZAINE. »

Le 31 octobre, la ville et les forts étaient entièrement

occupés par les Prussiens. Une partie de l'armée du prince Frédéric-Charles était en marche sur le Sud, une autre partie sur Thionville, Verdun, Mézières, Amiens et Rouen. Le général de Kummer restait à Metz avec 30,000 hommes de la landwehr.

Le maréchal Bazaine avait-il fait tout ce qu'il avait pu pour opérer des sorties utiles, épuisé toutes ses ressources avant de capituler? L'opinion publique demandait que la lumière se fît, et, sur l'avis du conseil d'enquête, il fut traduit, au mois d'octobre 1873, devant le 1er conseil de guerre, présidé par le duc d'Aumale. Le général Pourcet était chargé de soutenir l'accusation; le maréchal avait pour défenseur M⁰ Lachaud, du barreau de Paris.

Le 10 décembre, à neuf heures moins un quart du soir, la sentence fut prononcée, après une délibération de quatre heures. Reconnu coupable, à l'unanimité, sur les diverses questions posées par le président, le maréchal Bazaine fut condamné à la peine de mort, avec dégradation militaire. Le jugement déclarait, en outre, qu'il cessait de faire partie de l'ordre de la Légion d'honneur et qu'il n'était plus décoré de la médaille militaire.

Les membres du conseil signèrent tous un recours en grâce adressé au ministre de la guerre, et, sur la proposition de ce dernier, le maréchal de Mac-Mahon, président de la République, commua la peine de mort en vingt années de détention, avec dispense des formalités de la dégradation militaire, mais sous les réserves de tous ses effets.

Il fut décidé que le maréchal Bazaine serait transféré à l'île Sainte-Marguerite, dans le voisinage de Cannes. Le ministre de la guerre voulut régler lui-même la façon dont le prisonnier serait traité, et il recommanda qu'on eût pour lui les plus grands égards.

CHAPITRE IX

Situation de Paris. — Reprise d'Orléans. — Le général Bourbaki appelé au commandement du 18ᵉ corps, à Nevers. — Sortie de l'armée de Paris. — Bataille de Loigny. — Le général d'Aurelle relevé de ses fonctions. — Les deux armées de la Loire.

A la date du 1ᵉʳ novembre, les privations que les Parisiens avaient à subir n'étaient pas encore très-dures. Chaque habitant âgé de plus de huit ans avait droit à cent grammes de viande par jour. La viande ordinaire se payait 21 sous la livre ; quant à la viande de cheval, on pouvait s'en procurer des quantités indéterminées au prix de seize sous les 500 grammes. Les approvisionnements de farine pourraient suffire pendant plusieurs mois, et le vin était en abondance, ainsi que le café et le riz. On trouvait encore des fruits, de la salade et quelques légumes, mais il fallait les payer très-cher. Les œufs conservés se vendaient 4 ou 5 sous la pièce : le beurre, le lait, le fromage manquaient complétement. Le poisson salé valait 30 sous la livre.

Les magasins ne faisaient plus d'affaires : les marchands s'en étaient consolés jusque-là par la pensée que la guerre les avait surpris dans la morte-saison ; mais l'hiver approchait, et le commerce commençait à perdre patience. Tout le monde cependant restait calme, et s'abstenait de peser sur le gouvernement, à l'exception de ceux qui auraient voulu marcher plus vigoureusement en avant. Les places publiques étaient occupées par des hommes de tout âge qui s'exerçaient au maniement des armes.

Depuis le désastre de Sedan, le génie militaire, l'artillerie, le ministère des travaux publics prêtaient au gouvernement un concours dévoué. Deux redoutes, celles des Hautes-Bruyères et du Moulin-Saquet, furent achevées promptement. Dans les forts, les marins exécutèrent les travaux de terrassement et d'armement avec un entrain au-dessus de tout éloge. On ferma les 69 portes de la ville, la zône militaire fut débloquée ; dans les bourgades avoisinantes, les maisons furent crénelées, les rues barricadées, des lignes continues furent tracées pour relier entre elles les différentes redoutes.

Pendant que tout cela se faisait, on organisait le personnel de l'artillerie, on s'occupait de la fabrication de la poudre, et l'on dotait la garde nationale de fusils à tir rapide. Des mitrailleuses sortaient comme par enchantement des usines de l'industrie. Les mortiers, les obus, les canons rayés se chargeant par la culasse, tout cet immense matériel fut préparé en deux mois.

Dès que le résultat négatif du voyage de M. Thiers fut connu, le gouvernement dut songer non plus seulement à se défendre, mais aussi à attaquer. Trois armées furent formées sous le commandement en chef du général Trochu : la première obéissait au général Clément Thomas, la seconde au général Ducrot, la troisième au général Vinoy. La garde nationale était mobilisée, et, dans chaque bataillon, les hommes de 25 à 45 ans pouvaient être employés en dehors des remparts ; les hommes plus âgés devaient former le dépôt et servir dans Paris et sur les bastions.

Depuis que la ville était investie, diverses sorties avaient été opérées, on le sait, par les troupes régulières et la garde nationale, et elles n'avaient pas été inutiles. Nous avons signalé quelques-uns de ces engagements, notamment les combats sérieux qui furent livrés au Bourget le 28 et le 30 octobre.

Les généraux ennemis avaient d'abord pensé que la menace d'un bombardement terrifierait les assiégés, et qu'ils s'empresseraient d'ouvrir les portes de la capitale aux uhlans : en présence de l'attitude ferme et résolue de la population, on avait décidé, au quartier-général, l'adoption de mesures plus rigoureuses, et si le bombardement n'avait pas encore commencé, il fallait, croyait-on, attribuer ce retard, non à des considérations politiques, mais aux difficultés qu'on avait rencontrées pour déplacer un matériel de guerre immense. Après la prise de Toul, le chemin de fer, par suite de la destruction d'un tunnel, n'était devenu praticable que jusqu'à Nanteuil, et l'on avait dû transporter les gros canons par voie de terre, à une distance de 20 à 25 lieues, avec un nombre insuffisant de chariots et de chevaux, par des chemins que la pluie avait détrempés. A la fin d'octobre, tous les préparatifs étaient à peu près terminés.

Paris allait-il avoir le sort de Strasbourg, ou le roi Guillaume consentirait-il enfin à accorder à la France humiliée et vaincue une paix équitable ? On l'ignorait encore.

M. Thiers arriva de Tours à Paris, le 30 octobre, et se

rendit aussitôt à Versailles, où l'attendait le roi pour traiter d'un armistice. Mais le lendemain eut lieu, à Paris, une manifestation armée qui se porta sur l'Hôtel de ville, et dont les chefs, regardant l'armistice comme une faiblesse, prétendaient empêcher qu'on ne le signât. Il était profondément regrettable que le général Trochu et ceux qui s'associaient à ses efforts fussent ainsi distraits de leur action contre l'ennemi par des événements intérieurs ; aussi chacun souhaitait-il qu'on avisât pour que de pareils faits ne pussent se reproduire. Afin de pouvoir agir d'une façon efficace, les membres du gouvernement demandèrent que la population parisienne confirmât par un vote leur autorité. Ce vote eut lieu le 3 novembre, et il fut ce que l'on espérait : 557,996 *oui* contre 62,638 *non*. Le général Trochu et ses collègues reprirent possession de l'administration des affaires, et s'occupèrent de nouveau avec ardeur de la défense de la capitale, tout en cherchant à négocier, par l'entremise de M. Thiers, une trêve qui amènerait peut-être la paix. Ces négociations n'eurent pas, malheureusement, les résultats sur lesquels on comptait. La Prusse refusait d'accorder le ravitaillement de Paris pendant la suspension d'armes ; d'autre part, elle n'admettait qu'avec réserve la participation de l'Alsace et de la Lorraine aux élections de l'Assemblée. Le gouvernement rejeta de semblables conditions, et la France tout entière lui sut gré de sa résolution, la seule qui fût compatible avec l'honneur national.

A la suite de la défaite d'Artenay, le général de la Motterouge avait été remplacé par le général d'Aurelle de Paladines. Celui-ci prit possession de son commandement à la Ferté-Saint-Aubin, bourg situé sur la rive gauche de la Loire, à 24 kilomètres au sud d'Orléans. La tâche qui lui était imposée était lourde, car la nouvelle armée de la Loire comptait peu d'anciens soldats, et il fallut qu'il s'appliquât, avant de rien entreprendre, à réveiller dans les cœurs les sentiments d'honneur, de religion, de patriotisme et de dévouement. Les généraux Martin des Pallières et Chanzy commandaient, sous ses ordres, le 15e et le 16e corps, qui composaient l'armée.

Ces deux corps, après une dizaine de jours de repos, firent leur jonction près de Marchenoir, et se disposèrent à se porter sur Orléans, pour reprendre cette ville aux Allemands. Le 10 novembre, ils l'occupèrent de nouveau, à la suite d'une lutte de plusieurs jours : on s'était battu près de Coulmiers. Nous avions tué ou blessé plus de 19,000 hommes, et fait près de 3,000 prisonniers. L'élan des troupes avait été admirable, malgré le mauvais temps. Les Vendéens de Cathelineau, dans les engagements des 6, 7 et 8, qui avaient précédé l'action principale, s'étaient noblement conduits. Ce succès, qui pouvait être considéré comme la première grande victoire remportée par nous depuis l'ouverture des hostilités, n'eut pas seulement pour résultat de délivrer une partie du territoire envahi ; il produisit sur les troupes et sur la population un effet moral des plus heureux. L'offensive était la seule tactique qui fût de nature à relever les courages ; cette tactique était enfin reprise, et l'on se persuadait qu'elle réussirait d'autant mieux que nos soldats marchaient maintenant à la conquête du sol. On citait parmi ceux qui s'étaient particulièrement distingués, M. Jacques de la Chaise, de Beauvais, lieutenant au 1er régiment mixte de cavalerie légère, qui, ayant reçu l'ordre de poursuivre l'ennemi en retraite, avait ramené, aux applaudissements des troupes, 2 pièces de canon, 25 voitures de munitions et de vivres, et un grand nombre de prisonniers. M. de la Chaise fut nommé chevalier de la Légion d'honneur, en récompense de sa belle conduite : il n'avait que 24 ans.

L'émotion fut vive au quartier-général du roi Guillaume, à Versailles. Le général de Moltke avait paru ne pas croire à l'existence de l'armée de la Loire, ou du moins il croyait pouvoir ne pas s'en inquiéter. Convaincu maintenant du danger qu'il aurait à courir si une attaque du dedans venait à se combiner avec l'approche des troupes du dehors, il songea à faire ses préparatifs de départ pour le cas où d'Aurelle s'avancerait résolument sur Paris. Mais le général français, se conformant au désir exprimé par la délégation de Tours, et ne jugeant nullement prudent, d'ailleurs, de lancer à travers les lignes allemandes une armée peu habituée aux fatigues, avec la perspective de trouver sur son flanc droit le prince Frédéric-Charles, s'était décidé à se rabattre sur Arthenay et Orléans.

Quinze jours après la bataille de Coulmiers, le général en chef de l'armée de la Loire avait appelé ses réserves dans le nouveau camp formé près d'Orléans. Les trois corps d'armée étaient portés à cinq ; mais les deux derniers étaient inférieurs aux autres, et ils restèrent même presque toujours sous les ordres directs du ministre de la guerre. Quand les forces furent un peu disciplinées, le général d'Aurelle, occupant Orléans et Châteauneuf avec son centre, protégé par la forêt et son camp, étendit sa gauche jusqu'à Marchenoir et sa droite vers la route de Giez à Montargis. La position était ainsi telle qu'il pouvait s'avancer sur l'ennemi et menacer toutes les routes qui conduisent à Paris.

On était sans nouvelles de la capitale, mais rien n'indiquait qu'on eût à concevoir des inquiétudes : les dépêches prussiennes ne signalaient aucun événement défavorable à notre cause. Ces dépêches parlaient seulement de grandes manœuvres qu'exécutaient, en dehors des fortifications, les soldats, les mobiles et les gardes nationaux. Le général Trochu préparait, sans aucun doute, une bataille décisive, et le moment approchait où il devait frapper un grand coup, soit que Paris agît seul, ou qu'il attendît le signal d'une action commune avec les forces de la province.

Quant à l'ennemi, son intention était de se diriger enfin sur Rouen, centre de cette belle province de Normandie dont la richesse lui procurerait de nouvelles ressources, et dont l'occupation étendrait la ligne militaire allemande qui allait de Soissons à Beauvais. Les troupes, commandées par le général de Manteuffel, chargé d'opérer dans le Nord et dans le Nord-Ouest, s'élevaient à environ 50,000 hommes, et que leur objectif fût Rouen ou Amiens[1], elles rencontreraient assurément l'armée de Bourbaki.

Cette armée se composait de nombreux bataillons de mobiles, d'un régiment complet d'infanterie de marine arrivé de Sedan, de 6,000 hommes de troupes régulières et de 800 officiers, dont la plupart s'étaient échappés de Metz à la suite de la capitulation. Après des efforts dignes des plus grands éloges, le général Bourbaki était parvenu à organiser son artillerie, et elle était complète. Toutes ces troupes étaient prêtes à entrer en campagne; couvrant Amiens et Rouen, elles auraient à contrecarrer les forces de Manteuffel, et l'on n'était pas éloigné de penser qu'une bataille serait livrée entre Amiens et Beauvais.

En voyant ce qui se passait sur divers points du territoire, les Prussiens comprenaient la nécessité d'arrêter la marche en avant de nos généraux. Le prince Frédéric-Charles et les commandants de Werder et Von der Thann combinaient leurs mouvements dans le but de s'opposer à l'armée de la Loire, pendant que Manteuffel faisait sa jonction avec le prince de Saxe, de manière à paralyser celle du Nord.

L'armée de la Loire était beaucoup plus nombreuse que nos ennemis ne l'auraient voulu, et chaque jour elle s'augmentait de nouveaux régiments de ligne, de bataillons de mobiles et de compagnies de francs-tireurs, ces derniers courant la campagne à huit ou dix kilomètres en avant ou sur les côtés. Ce n'était plus à des troupes démoralisées que les Allemands allaient avoir affaire, mais à des soldats pleins de dévouement, qui, tous disposés à obéir à leurs chefs, étaient heureux de servir sous les ordres du général d'Aurelle. La France comptait sur eux comme sur leurs camarades des armées du Nord et de l'Ouest et sur la levée des hommes de 21 à 40 ans, décrétée le 2 novembre.

La victoire d'Orléans avait causé à Paris une grande joie. Les calculs des Prussiens commençaient à être déjoués. Ils croyaient avoir bon marché d'un pays privé de son armée, dépourvu d'approvisionnements et de matériel de guerre; mais la nation s'était trouvée d'un jour à l'autre prête à tout remplacer et à tout entreprendre. Le temps s'écoulait sans que l'ennemi eût à célébrer de nouveaux triomphes : des villages incendiés, des maisons pillées, des campagnards fusillés étaient les seuls hauts faits qui marquassent son passage.

Les commandements régionaux ayant été récemment supprimés, le général Bourbaki prit congé, le 18 novembre, de l'armée du Nord, et se rendit à Nevers, où il était placé à la tête du 18ᵉ corps. Le gouvernement avait voulu utiliser sans retard la valeur et l'entrain proverbial de l'ancien commandant de la garde, et l'opposer au prince

Frédéric-Charles, qui venait de joindre le duc de Mecklembourg entre Fontainebleau et Etampes.

La résistance s'organisait aussi dans la Sarthe. Il y avait au camp de Conlie, créé par M. de Kératry, des forces considérables et une artillerie suffisante. L'esprit des troupes était excellent, et l'on était résolu de défendre la ligne du Mans contre l'armée du duc de Mecklembourg, qui cherchait à la couper. Nous avions été vainqueurs dans deux combats livrés à Brou et près de Bellême, et si les Allemands s'étaient emparés de Dreux et de Chartres, on espérait maintenant les arrêter dans leur marche envahissante. Certaines difficultés étant survenues entre M. de Cathelineau et M. de Kératry, l'amiral Jaurez avait été appelé au commandement de l'armée de l'Ouest.

A la nouvelle de la victoire de Coulmiers, le gouvernement de Paris s'était hâté de tout préparer pour opérer une grande sortie et essayer de franchir les lignes prussiennes. Le général Trochu et le général Ducrot adressèrent, chacun de leur côté, une proclamation à l'armée, pendant que le gouvernement de la Défense nationale annonçait solennellement aux citoyens que le moment était venu de vaincre ou de mourir.

On se battit les 29 et 30 novembre et le 2 décembre.

Le 1er décembre, la délégation de Tours reçut des nouvelles concernant les deux premières journées ; M. Gambetta les fit connaître en ces termes à la foule réunie dans la cour de la préfecture :

« Chers concitoyens,

» Après soixante jours d'un siège sans exemple dans l'histoire tout entière, consacrés à préparer, à ordonner les forces de la délivrance, Paris vient de jeter hors de ses murs, pour rompre le cercle de fer qui l'étreint, une nombreuse et vaillante armée, préparée avec prudence par des chefs consommés que rien n'a pu ébranler ni émouvoir dans cette laborieuse organisation de la victoire.

» Cette armée a su attendre l'heure propice, et l'heure est venue.

» Excités, encouragés par les fortifiantes nouvelles venues d'Orléans, les chefs du gouvernement avaient résolu d'agir, et, tous d'accord, nous attendions depuis quelques jours avec une sainte anxiété le résultat de nos efforts combinés.

» C'est le 29 novembre au matin que Paris s'est ébranlé. Une proclamation du général Trochu a appris à la capitale cette résolution suprême, et avant de marcher au combat, il a rejeté la responsabilité du sang qui allait couler sur la tête de ceux dont l'ambition foule aux pieds la justice et la civilisation moderne. L'armée de sortie est commandée par le général Ducrot.... Je vous donne dans leur laconisme les nouvelles apportées par le ballon *le Jules Favre* :

« Le 29, au matin, la sortie, dirigée contre la ligne d'investissement, a commencé par Choisy, Lhuy, Chevilly. Le général Ducrot, sur la gauche, passe la Marne. Le 30, au matin, il occupe successivement Mely et Montmély. Il prononce un mouvement sur sa gauche, se met en bataille. De Champigny à Bry, l'armée passe la Marne sur six points. Elle couche sur ses positions, après avoir pris deux de celles de l'ennemi.

» L'affaire a été rapportée à Paris par le général Trochu. »

» Ce rapport où l'on fait l'éloge de tous, ne passe sous

silence que la grande part du général Trochu à l'action. Ainsi fit Turenne.

» Il est constant qu'il a rétabli le combat sur plusieurs points, en entraînant l'infanterie par sa présence pendant cette bataille. Le périmètre de Paris était couvert par un feu formidable, l'artillerie fouillant toutes les positions de la ligne d'investissement.

» L'attaque de nos troupes a été soutenue pendant toute l'action par des canonnières lancées sur la Marne et sur la Seine.

» Le chemin de fer circulaire de M. Dorian, dont on ne saurait trop célébrer le génie militaire, a coopéré à l'action à l'aide de wagons blindés faisant feu sur l'ennemi.

» Cette même journée du 30, dans l'après-midi, a donné lieu à une pointe vigoureuse de l'amiral la Roncière, toujours dans la direction de Lhuy et Chevilly. Il s'est avancé sur Longjumeau, a enlevé les positions retranchées des Prussiens, qui nous ont laissé de nombreux prisonniers et encore deux canons.

» A l'heure où nous lisons la dépêche de Paris, une action générale doit être engagée sur toute la ligne. L'attaque du sud du 1er décembre doit être dirigée par le général Vinoy.

» D'aussi importants résultats n'ont pu être achetés que par de glorieuses pertes : 2,000 blessés. Le général Renault, commandant le 2e corps et le général Lacharrière ont été blessés. Le général Ducrot s'est couvert de gloire et a mérité la reconnaissance de la nation. Les pertes prussiennes sont très-considérables. Tous ces renseignements sont officiels, car ils sont adressés par le chef d'état-major général Schmitz. »

Nos troupes s'attendaient à être attaquées le lendemain de ces combats, le 1ᵉʳ décembre ; il n'y eut que quelques engagements de tirailleurs au début de la journée : l'ennemi concentrait ses forces. Mais le 4, dès l'aube, le canon prussien retentit, dans la direction du plateau de Villers et de Chevilly, et les Allemands s'avancèrent jusqu'à Champigny, où notre artillerie les arrêta. Ils furent également arrêtés vers Bry, par la division Munsrion, et, pendant deux heures, la retraite leur étant coupée, ils durent défiler sous nos feux, entre le plateau de Bry et celui de Villiers. A trois heures, la bataille était finie.

Nous avions perdu dans ces journées 6,000 hommes tués ou blessés. On citait parmi les officiers supérieurs qui avaient succombé pendant la lutte, ou des suites de leurs blessures : le général Renault, le général Ledreit de la Charrière, le colonel Perault, le commandant Franchetti, le colonel de Grancey et le comte de Néverlée.

L'ennemi avait été délogé de ses avant-postes, mais il restait à le chasser de ses retranchements. Le général Ducrot ne voulut pas s'exposer à une déroute certaine, l'armée étant désorganisée par ces divers combats, et, repassant la Marne, il vint camper dans le bois de Vincennes.

Ce fut aux Frères que le général confia le soin d'enterrer les morts qui étaient restés sur la ligne des avant-postes : malgré la rigueur de la saison, ils se livrèrent pendant deux jours à un travail opiniâtre, et accomplirent ce pieux devoir.

Le général d'Aurelle de Paladines avait reçu l'ordre du gouvernement de Tours de se porter en avant, afin de donner la main à l'armée de Paris. Il devait s'avancer par Pithiviers sur Fontainebleau. Les troupes des différents corps n'étaient pas encore concentrées; il fallut cependant partir. Le général Chanzy rencontra l'ennemi le 1er décembre, et de midi à six heures, ses soldats déployèrent une vigueur qui leur assura le succès de la journée. Le 2, ce fut la bataille de Loigny. On eut affaire à l'armée du duc de Mecklembourg, renforcée, dans l'après-midi, par les troupes du prince Frédéric-Charles. Malgré le talent dont firent preuve le général Chanzy, l'amiral Jauré-Guibéry et le général Sonis, force fut de céder au nombre: le 16e corps avait engagé ses dernières réserves, et il ne pouvait plus en opposer de nouvelles aux flots toujours croissants de l'armée allemande. La journée du 2 décembre fut perdue.

Le général Chanzy, en rendant compte au général d'Aurelle de ce triste résultat, lui annonçait en même temps que ses troupes étaient trop amoindries pour qu'il fût possible de les ramener au combat le lendemain. Le général en chef dut se décider à battre en retraite sur Orléans. Toutes les divisions avaient l'ordre de se replier sur leurs positions des jours précédents; mais les mouvements de l'ennemi, pendant la journée du 3, détruisirent cette combinaison en partageant l'armée, et le 16e et le 17e corps furent obligés de suivre la vallée de la Loire au delà d'Orléans. Cette ville fut évacuée. Le général Bourbaki, au lieu de poursuivre sa marche de ce côté, obéissant à des instructions envoyées de Tours, dirigea le 18e corps sur Gien et le 20e sur Argent par Sully; le général Chanzy devait continuer sa retraite sur Benagluey et Blois, avec le 16e et le 17e corps. Le 15e corps se rendait à Salbris.

Le 6 décembre, le général d'Aurelle fut relevé de ses

fonctions. Il n'y eut plus de commandant en chef de l'armée de la Loire. Le 15ᵉ, le 18ᵉ et le 20ᵉ corps formèrent, avec le général Bourbaki, la première armée de la Loire ; le 16ᵉ et le 17ᵉ corps formèrent la seconde, sous les ordres du général Chanzy.

CHAPITRE X

Combats près d'Amiens et à Etrépagny. — Prise d'Amiens et de Rouen. — Manteuffel remonte de la Normandie vers le Nord. — Lettre du général de Moltke au général Trochu. — Combats du général Chanzy sur la rive droite de la Loire. — Bataille du Mans. — Nouvelles sorties des généraux Trochu et Ducrot. — Garibaldi dans les Vosges.

Des combats livrés près d'Amiens et à Etrépagny avaient coïncidé avec le mouvement de l'armée de Paris. Nous avions tenu en échec, sur ces deux points, des troupes qui, marchant au secours de l'armée d'investissement, auraient pu paralyser la sortie projetée depuis si longtemps, mais que des efforts combinés de toutes parts devaient rendre moins difficile.

Conformément à des instructions reçues, le général Briant, qui commandait à Rouen, avait décidé un mouvement sur Gisors. Les troupes, divisées en trois corps, se mirent en marche le jour de la sortie de l'armée de Paris, c'est-à-dire le 29 novembre, à 10 heures du soir. L'aile gauche, commandée par le colonel Mocquart, se composait des tirailleurs Mocquart, des francs-tireurs d'Alençon, du Nord, de Rouen et d'Elbœuf, et de l'artillerie des francs-tireurs du Nord. Le centre, sous les ordres du général

Briant, comprenait 8 pièces d'artillerie, des mobiles de Caen, et des bataillons de la garde mobile de l'Oise, du Hâvre, des Landes et des Pyrénées-Orientales; il y avait également des compagnies du 94ᵉ et du 41ᵉ de ligne. La droite, commandée par le lieutenant-colonel de Cannecaude, était formée des mobiles des Landes, de francs-tireurs du Hâvre, des marins de Dieppe, de la compagnie de marche de Dieppe et de francs-tireurs du Nord.

Les trois colonnes devaient s'avancer simultanément sur Gisors et le cerner. La nuit était noire, le froid excessif, on marchait silencieusement. Mais les Allemands, qui s'attendaient depuis quelques jours à être attaqués, s'étaient retranchés à Etrépagny, à 12 kilomètres en avant de la petite ville. C'est là qu'on se battit principalement; l'ennemi, après avoir éprouvé des pertes sensibles, s'enfuit dans toutes les directions, pourchassé de si près par les nôtres que les francs-tireurs de Mocquart étaient postés le jour même aux portes de Gisors. Le soir, on amena à Rouen les 90 prisonniers qu'on avait faits, ainsi qu'une pièce de canon, beaucoup de fusils et de casques, et des caisses de munitions.

Le lendemain, pour se venger du succès du général Briant, 150 Saxons se rendirent à Etrépagny et mirent le feu à trois reprises différentes: les fermes de MM. Gervais, Florentin, Poret et Mazurier furent incendiées avec cinquante maisons.

Après le départ du général Bourbaki, l'armée du Nord avait pris le titre de 22ᵉ corps, et le commandement en avait été confié au général Faidherbe. Un premier engagement entre les Français et les Allemands, dans cette région, eut lieu, le 24 novembre, à Moreuil; le 25, on se battit de nouveau entre Domar et Colancourt, et l'ennemi fut repoussé sur Roye. La lutte continua les jours suivants : elle fut très-sérieuse le 27. L'action, engagée à Villers-Bretonneux, à Bove et à Dury, ne nous fut favorable que sur ce dernier point. L'armée ennemie, forte de plus de 30,000 hommes, était appuyée par 40 pièces de canon ; nous n'avions que 20 canons et 25,000 hommes. Devant cette artillerie formidable, nos soldats durent, vers le soir, opérer leur retraite. L'infanterie de marine et les chasseurs à pied s'étaient montrés dignes de leur réputation ; d'un bataillon de chasseurs, il ne restait que 200 hommes ; un bataillon d'infanterie de marine avait été décimé. L'artillerie, servie par des matelots et commandée par des officiers de marine, avait fait des ravages épouvantables dans les rangs des Prussiens. Sur l'aile droite de notre armée, le 43e de ligne, escaladant avec un élan irrésistible les murs d'un cimetière derrière lesquels des Allemands s'étaient retirés, avait tué à la baïonnette tout ce qui se trouvait là. Si nous avions eu de la cavalerie et des munitions, la victoire, restée indécise, nous eût été assurée.

Le 28, les Prussiens entrèrent dans Amiens ; ils n'y trouvèrent ni armes ni munitions : le tout avait été enlevé à temps. Une partie de nos troupes s'était repliée sur Doullens ; l'autre partie, renfermée dans la citadelle, refusait de se rendre. Le 29, on se battit encore dans les environs ; la citadelle, bombardée à outrance, fut forcée de capituler : l'officier qui la commandait avait été tué en mettant lui-même le feu à une pièce. Les Allemands célébrèrent ses funérailles avec pompe.

L'ennemi arriva bientôt à Rouen. Un corps de 30,000 hommes avait l'ordre de lui livrer bataille devant la ville ; mais comme les autorités municipales désiraient qu'on ne se défendît pas, le général Briant se replia sur le Hâvre, et l'armée de Manteuffel entra dans la vieille cité normande sans brûler une amorce. Quelques jours après, cette armée fut partagée en deux corps : l'un occupa Evreux, paraissant menacer Cherbourg; l'autre se dirigea sur le Hâvre. La place était en position de résister, protégée par 250 pièces de canon et des marins de l'Etat; les Prussiens d'ailleurs furent arrêtés à Harfleur par nos soldats et les mobiles de l'Oise, qui firent preuve de nouveau de fermeté et de courage. De l'autre côté de la Seine, l'ennemi s'avança jusqu'à 6 kilomètres de Honfleur, mais l'arrivée de 10,000 Français, venus de Caen, l'obligea à se retirer.

Cependant l'armée du Nord, bravement conduite par le général Faidherbe, se portait en avant. A cette nouvelle, le général Manteuffel, craignant, non sans raison, de se voir coupé de sa base d'opération, se hâta de remonter vers la Somme. Dieppe, occupé momentanément, fut, par suite, délivré des Allemands, et le Hâvre n'eut plus à craindre, du moins pour quelque temps, une attaque de leur part.

Le 5 décembre, le général de Moltke écrivit au général Trochu avec l'intention d'effrayer les Parisiens : il manqua complétement le but qu'il voulait atteindre. Le gouverneur de la capitale réunit aussitôt ses collègues, et il n'eut pas de peine à les convaincre que les ouvertures de M. de Moltke ne devaient nullement être prises en considération. La Prusse, selon lui, sentait que sa position pouvait être compromise et devenir pénible en plein pays ennemi, au milieu d'un hiver rigoureux; la France, au contraire, avait tout à gagner à poursuivre la lutte, au moment où des auxiliaires arrivaient de toutes parts de la province au secours de la capitale. Il termina par ces mots, qu'il prononça d'une voix émue et les yeux mouillés de larmes : « Combattre !

combattre encore ! combattre toujours ! » Les membres du gouvernement de la Défense, à l'unanimité, décidèrent qu'on continuerait la guerre.

Le 6 et le 7, sur la rive droite de la Loire, Chanzy en vint aux mains avec le duc de Mecklembourg, près de Meung et de Beaugency ; mais il dut reculer, et l'ennemi entra à Blois. La délégation de Tours venait de se réfugier à Bordeaux. Le 15, le général livra un nouveau combat en avant de Vendôme, et parvint à garder ses positions, que son armée conserva jusqu'au commencement de janvier ; mais on se battait presque chaque jour, afin de tenir les Prussiens à distance. Enfin le prince Frédéric-Charles appela près de lui les troupes du duc de Mecklembourg, et, frappant des coups décisifs, contraignit Chanzy à se retirer sur les positions du Mans, où il chercha à le bloquer. Celui-ci, ne voulant pas attendre les Allemands, fit attaquer leurs têtes de colonnes ; mais ces opérations n'eurent pas le succès qu'il en espérait, et, le 7 janvier, au soir, il se trouva réduit à garder les positions qui défendent le voisinage de la ville. Le 10, nos troupes attaquèrent l'ennemi à Saint-Hubert, et furent repoussées. Le 11, eut lieu la bataille du Mans. Une panique des mobilisés bretons livra aux Prussiens le point si important de la Tuilerie, et fit d'une véritable victoire une journée malheureuse. L'ennemi, en effet, dominant tout le plateau, pouvait envoyer ses obus dans la ville et coupait notre centre. La situation n'était plus tenable. Le lendemain, on battit en retraite.

Les Allemands s'emparèrent du camp de Conlie, et y trouvèrent de grandes provisions en armes et en vivres. Le 15°, le 21° corps fut de nouveau vivement attaqué par les divisions sous les ordres du duc de Mecklembourg ;

l'amiral Jaurès mérita pour sa conduite dans cette affaire de justes éloges. Le 16ᵉ corps eut aussi à soutenir l'effort des Allemands, et il résista avec énergie, commandé par l'amiral Jauréguiberry, qui eut un cheval tué dans cet engagement. Dans la nuit du 16 au 17, l'ennemi prit Alençon, mais il l'évacua bientôt. Le 26, l'armée de Chanzy, reconstituée, se disposait a se porter de nouveau en avant. Le duc de Mecklembourg, sans l'attendre, s'avança vers le Hâvre; il venait d'entrer à Roüen, avec 30,000 hommes, quand la nouvelle d'un armistice, signé le 28, l'arrêta. Les Rouennais eurent à loger et à nourrir ces troupes jusqu'après le versement d'une partie de l'indemnité. A la date du 20 juillet, les Allemands occupaient encore la ville, mais ils ne tardèrent pas à l'évacuer.

Quant au prince Frédéric-Charles, il était remonté vers Paris. Le 21 décembre, une partie de ses troupes s'étaient présentées devant Tours, et avaient lancé dans les rues une centaine de bombes, après quoi, le maire ayant fait hisser le drapeau parlementaire, les Allemands avaient pris possession de la ville.

Le 21 aussi, le général Trochu effectua une nouvelle sortie, dans laquelle l'artillerie joua un rôle important. L'infanterie, sous les ordres de l'amiral de la Roncière, ne fut engagée que vers Stains et le Bourget. Le général Ducrot, qui s'était porté du côté de Bondy et de Chelles, occupa le soir les fermes de Groslay et de Grand-Drancy. L'action s'était étendue sur tout l'espace compris entre Dugny et Nogent, en passant par le Bourget, Bondy, Villemomble et Neusly-sur-Marne. Le général Trochu passa la nuit du 21 au 22 sur le théâtre de la lutte. Le lendemain, deux brigades se battirent non moins vaillamment, au sud-est, contre l'aile gauche des Saxons. C'était le moment où le général Faidherbe prenait ses dispositions pour attaquer, non loin d'Amiens, le corps de Manteuffel. En se dirigeant sur le Bourget, les Français se proposaient de rompre la ligne prussienne et d'opérer une jonction avec l'armée du Nord : ils furent arrêtés par le 2ᵉ corps et le 6ᵉ corps de la garde. Le 29, il y eut encore une sortie. et, pour la troisième fois, elle eut pour objectif le Bourget ; la garde perdit beaucoup de monde. Tout cela ne laissait pas que d'affaiblir l'armée ennemie, qui, à un moment donné, devait courir risque d'être exposée à un véritable désastre. La population parisienne comprenait que si la longue ligne que les Allemands occupaient de Rouen à Orléans et Nevers, et de Dijon à Amiens, venait à être traversée sur un point quelconque, un bien petit nombre des envahisseurs repasseraient le Rhin : voilà pourquoi, au lieu de se sentir découragée par les succès des Prussiens, elle y voyait un motif de persévérer dans la résistance.

Pendant que nos soldats soutenaient vaillamment la lutte sur les bords de la Loire et de la Somme, aussi bien que sous les murs de Paris, les montagnes des Vosges retentissaient jour et nuit du bruit des canons et des feux de file de nos francs-tireurs.

Après la chute de Strasbourg, le général Werder à la tête du 14ᵉ corps, traversant les Vosges, était entré dans les différentes villes, sans que les généraux Peytavien et Cambriels pussent l'arrêter, et avait pénétré au cœur de la Champagne. Mais les francs-tireurs le harcelaient continuellement et lui tuaient beaucoup de monde : il s'en vengeait sur les malheureux cultivateurs.

Ce fut à ce moment que Garibaldi fit son apparition dans

les Vosges. Un apothicaire d'Avignon, nommé Bordone, était allé le chercher dans son île de Caprera, et la délégation de Tours l'avait placé à la tête des compagnies franches. Le général Cambriels et M. Kellers, chef des francs-tireurs des Vosges, refusèrent de partager avec le nouveau venu le commandement des troupes de l'Est, et quand il arriva à Besançon, il n'y eut que le préfet, M. Ordinaire, qui le traita avec certains honneurs. Des difficultés surgirent. Enfin il fut décidé que Garibaldi aurait seulement le commandement de la compagnie l'*Égalité* et des gardes mobiles de Nice.

Garibaldi alla établir son quartier-général à Dôle. Cette ville ressembla dès lors à une place mise au pillage. Pendant que les francs-tireurs de Bordeaux et de Bretagne faisaient réellement des excursions dans les environs, les chemises rouges battaient le pavé du matin au soir, et leurs officiers ne se refusaient, dit M. de la Vausserie, aucune des douceurs de l'existence.

Les Prussiens rôdaient autour de la ville, et leurs éclaireurs n'étaient plus qu'à cinq ou six kilomètres. Dans la nuit du 8 novembre, les Garibaldiens se replièrent et allèrent se concentrer à Autun, dont les habitants n'eurent pas plus à se louer de leur conduite que ceux de Dôle. Le *généralissime plénipotentiaire* et ses gens se regardaient comme les uniques maîtres de ce qu'il y avait dans la ville, et ils en usaient largement. Le clergé et les églises furent l'objet principal de leurs déprédations. Enfin, après quarante jours de l'inaction la plus complète depuis l'attaque d'Autun par l'ennemi, Garibaldi songea à aller soigner sa goutte à Dijon, en compagnie de son ami, le pharmacien Bordone. Les dégâts commis par ses hommes s'élevaient à plus de deux cent cinquante mille francs.

Le gouvernement donna des ordres pour que de pareils faits ne se renouvelassent pas. Malheureusement, les soldats de Garibaldi tinrent fort peu compte des avis qui leur étaient transmis, et, quelque temps après, Mgr Joadde, évêque de Nevers, signalait la conduite tenue au presbytère de Ruages par un millier de Garibaldiens se rendant de Mormes à Clamecy. Ce fut une scène de pillage à exciter l'envie des plus farouches Prussiens.

Pendant que le général se promenait bourgeoisement à Dijon, en voiture à deux chevaux, des télégrammes, portés dans tous les coins du monde, le faisaient manœuvrer sur les champs de bataille, ou assister à des combats auxquels il ne s'était jamais montré. Cependant, dans la nuit du 19 au 20 novembre, un de ses fils fut assez habile pour surprendre, près de Lantenay, un détachement de Prussiens et le mettre en déroute. Mais, le lendemain, l'ennemi revint en force et lança sur les campements garibaldiens une véritable pluie de mitraille : toute l'armée regagna Autun dans un désarroi complet. Riccioti, le héros de la famille, put difficilement arrêter à Aunay-le-Duc quelques centaines de fuyards.

Le 1er décembre, l'armée d'Autun ou des Vosges était dans le plus grand désordre, et, à la nouvelle de l'approche des Prussiens, on eut mille peines à obtenir qu'elle établît des lignes de défense. A deux heures, un premier coup fut tiré par les Allemands, des hauteurs d'Arnay-le-Duc ; cela suffit pour faire perdre la tête aux garibaldiens : tous abandonnèrent Autun et s'engagèrent précipitamment dans la route des montagnes qui conduit au Creuzot. La résistance fut organisée par d'autres. Les artilleurs de la Charente-Inférieure mirent quelques canons en batterie, et répondirent vigoureusement à l'ennemi. En même temps, le capitaine Guide, de la mobile des Alpes-Maritimes, lança ses hommes en tirailleurs, tandis que le capitaine Laroche, des mobilisés d'Autun, arrêtait l'infanterie prussienne dans son projet de mouvement autour de la ville. Vers cinq heures, le bombardement cessa, pour reprendre vers huit heures avec plus de violence; il cessa de nouveau une heure après. Garibaldi, parti d'abord, s'était fait reporter en ville — il était impotent, — et, ralliant ses soldats, les envoyait renforcer les héroïques compagnies qui avaient résisté à l'ennemi. Le lendemain, chacun était à son poste, mais les Prussiens s'étaient éloignés.

CHAPITRE XI

Bataille de Pont-Noyelles. — Bataille de Bapaume. — Combats près de Rouen. — L'armée de Bourbaki. — Prise du Mont-Avron. — Camp retranché sous le Mont-Valérien. — Bombardement de divers forts. — Bourbaki dans l'Est; batailles près de Vesoul. — Bataille de Saint-Quentin. — Sorties de l'armée de Paris — Le général Vinoy nommé général en chef à la place du général Trochu. — Nouvelle émeute.

Le roi de Prusse avait déjà nommé pour la région septentrionale de la France un gouverneur, qui n'était autre que le lieutenant-général Von Fabrice, ministre de la guerre saxon. Pour répondre à cette bravade, l'armée du Nord affirma son existence en reprenant la Fère. Le général Faidherbe, successeur des généraux Bourbaki et Farre, trouva dans la place une grande quantité de provisions et de munitions, et fit 850 prisonniers; le 10 décembre, il contraignit également la garnison à mettre bas les armes. Le 16, il était à Corbie, et, le 17, il poussait une reconnaissance jusqu'à Longueau, tout près d'Amiens. Les Prussiens, quelques jours auparavant, avaient quitté la ville, en laissant une garnison dans la citadelle, où ils avaient renfermé un certain nombre de prisonniers, divers fonctionnaires civils et quelques-uns des habitants; 7,000 hommes de leurs troupes venaient d'y rentrer. Dans l'après midi du 17, les Français campèrent dans les environs. L'armée de Manteuffel, accourant, ainsi qu'on l'a vu, de la Seine-Inférieure, n'était elle-même qu'à une journée de marche ou deux, et bientôt elle prit position vers Montdidier.

Le 20, 2,500 hommes environ, avec de l'artillerie, sortirent d'Amiens et s'avancèrent sur nos lignes. Deux bataillons de la division Paulze d'Ivoy, cantonnés à Querrieux, le 18ᵉ bataillon des chasseurs à pied et le 1ᵉʳ bataillon du 91ᵉ de ligne, les attaquèrent vigoureusement et les repoussèrent dans la place. Il n'y eut aucun engagement le 21 et le 22. Le 23, une grande bataille fut livrée au nord-est et à 12 kilomètres de la ville. Les troupes occupaient un espace de trois lieues qui avait pour centre le village de Pont-Noyelles. Le général Faidherbe, s'inspirant de la tactique de l'ennemi, au lieu d'opposer à l'artillerie les baïonnettes, riposta au canon par le canon, de 9 heures du matin à 4 heures du soir ; puis, à la fin de la journée, quand les batteries surmenées ralentirent leur feu, il fit charger sur toute la ligne, et, réveillant l'ancienne *furia* française, fixa ainsi la victoire sous nos drapeaux : il avait eu un cheval tué sous lui. Les pertes des Allemands étaient énormes. Nous avions obtenu un succès complet sur la droite ; sur la gauche, le résultat resta indécis ; au centre il avait été impossible de reprendre le village de Pont-Noyelles. Nos troupes couchèrent sur les positions du combat.

Le lendemain, l'armée se replia vers Arras. La retraite s'opéra en très-bon ordre ; seulement, des cavaliers prussiens se répandirent derrière elle dans la campagne, et, comme cela arrive inévitablement, ramassèrent quelques traînards. Conformément au désir du ministre, le commandant en chef prenait ses mesures pour que des distributions d'eau-de-vie et de vêtements chauds fussent faites aux soldats, afin de les prémunir contre les rigueurs extrêmes de la saison. Le 25, Manteuffel atteignit Albert. L'armée française, laissant une garnison dans Arras, continua de remonter vers le nord; le 28, elle était à Vitry-en-Artois, sur la route de Douai, et l'ennemi occupait Boileux. Mais cette retraite n'était qu'un mouvement stratégique qui assurait à nos troupes un repos justement mérité.

Le 1er janvier, l'armée du Nord sortit de ses lignes de la Scarpe, où les Allemands n'osaient l'attaquer, et s'établit devant Arras. Le 2, elle se mit en marche vers les cantonnements ennemis, autour de Bapaume. La 2e brigade et la 2e division du 22e corps emportèrent les villages d'Achiet-le-Grand et de Bihucourt. La 1re division, malgré des prodiges de valeur, échoua dans l'attaque du village de Béhagnies; mais les Prussiens, se voyant tournés par l'occupation d'Achiet-le-Grand, évacuèrent Béhagnies pendant la nuit.

Le 3, à la pointe du jour, la bataille s'engagea sur toute la ligne. La 1re division enleva les villages de Sapignies et de Favreuil, appuyée à sa gauche par la division des mobilisés. La 2e division entra de haute lutte dans le village de Biefvillers, qui était devenu le centre de la bataille, et occupa les positions prussiennes en arrière, très-énergiquement défendues, de même que le village d'Avesnes-les-Bapaume. La 1re division s'emparait en même temps de Grévilliers, de Tilloy et de Ligny. Le soir, à six heures, les Allemands étaient chassés de tout le champ de bataille, qu'ils laissaient couvert de leurs morts; beaucoup de blessés restaient entre nos mains, avec un certain nombre de prisonniers.

Quelques pelotons, emportés par leur ardeur, envahirent sans ordre les faubourgs de Bapaume, où l'ennemi s'était retranché dans plusieurs maisons. Comme il n'entrait pas dans les vues du commandant en chef de prendre cette ville, au risque de la détruire, ces pelotons furent rappelés à la nuit.

Le lendemain, le général Faidherbe adressa à ses troupes cet ordre du jour :

« A la bataille de Pont-Noyelles, vous avez victorieusement gardé vos positions ; à la bataille de Bapaume, vous avez enlevé toutes les positions de l'ennemi.

» J'espère que cette fois il ne nous contestera pas la victoire. Par votre valeur sur le champ de bataille, par votre constance à supporter les fatigues de la guerre dans une saison aussi rigoureuse, vous avez bien mérité de la patrie.

» Vos chefs de corps devront me signaler les officiers, sous-officiers et soldats qui, par leur conduite, auraient plus spécialement mérité des récompenses.

» Vous allez immédiatement compléter vos approvisionnements de munitions de guerre pour continuer les opérations.

» Boileux, le 4 janvier 1871.

» Le général commandant en chef,
» FAIDHERBE. »

Tandis que ces événements se passaient dans la Somme et le Pas-de-Calais, les troupes laissées par Manteuffel dans la Seine-Inférieure ne restaient pas inactives. Le 25 décembre, 7,000 Allemands, venant d'Yvetot, s'avancèrent contre un corps de 5,000 Français, qui leur tua 200 hommes et les contraignit à battre en retraite. Le 30, l'armée, commandée par le général Roy, successeur du général Briant, enleva les positions de l'ennemi sur les hauteurs de la Bouille d'Orival et du château Robert, dans la forêt de la Londe; mais, le 4 janvier, les Prussiens attaquèrent à leur tour le général Roy sur divers points, et lui prirent trois drapeaux et deux canons. Dans un de ces combats, un officier ennemi ayant tendu son sabre, les nôtres cessèrent aussitôt de tirer; les Allemands — ce n'était pas la première fois — firent traîtreusement feu à bout portant. Le 8, l'ennemi enleva de nouvelles positions vers l'embouchure de la Seine.

Les nouvelles relatives à l'armée de Bourbaki étaient très-favorables. Il avait sous ses ordres plus de 100,000 hommes, et l'on admirait beaucoup un corps de spahis et un autre corps de cavaliers arabes, qui devaient être d'un grand secours. On allait enfin avoir un service fait par des éclaireurs qui vaudraient bien les uhlans. Mais on ne savait encore où et quand l'armée du centre rencontrerait les Prussiens: le général Bourbaki, en prenant le commandement, avait exigé qu'on lui laissât carte blanche; il cachait avec soin ses mouvements et ne tolérait pas à cet égard la moindre indiscrétion.

Les représentants de la nation allemande, réunis pour leur session ordinaire, avaient demandé que le roi Guillaume se hâtât de bombarder Paris. Le 27 décembre, le canon tonna contre le mont Avron, et, dans la nuit du 28 au 29, les Français abandonnèrent le fort, dont les Allemands prirent possession quelques heures après. Pendant ce temps-là, le général Trochu, s'inquiétant peu, pour le moment du moins, de l'artillerie ennemie, achevait de construire, sous le mont Valérien, un formidable camp retranché, destiné à devenir une base d'opérations pour la jonction des armées de province; l'armée de Paris devait aussi trouver là un point d'appui qui lui permettrait d'agir utilement.

Après la prise du mont Avron, les Allemands commencèrent à bombarder les forts de Nogent, de Rosny et de Noisy. Ce dernier seul, tout d'abord, répondit : l'ennemi attaquait à une grande distance, et nos canonniers auraient tiré dans le vide. Des dispositions furent prises pour que l'artillerie prussienne fût contrebattue par les plus gros calibres dont disposât la défense. On comprit alors pourquoi le général Trochu avait fait évacuer le mont Avron : les 74 pièces qui en avaient été enlevées à peu près intactes, auraient été complétement désorganisées par le feu violent du lendemain. Les Prussiens attaquèrent bientôt aussi, vers le sud, du côté de Montrouge, de Vanves et de Châtillon, et des obus tombèrent en grand nombre sur le Panthéon, l'Ecole de droit, le Luxembourg, le Val-de-Grâce, l'hôpital de la Pitié, etc. Plusieurs personnes furent tuées; mais le courage des Parisiens ne faiblissait pas.

A la fin de décembre, l'armée de Bourbaki, qui se composait des 15e, 18e et 20e corps, quitta tout à coup son camp pour se diriger vers l'Est, pendant que le général Bressolles, à la tête du 21e corps, remontait de Lyon vers Besançon. Le gouvernement de Tours avait décidé que les deux armées marcheraient à la rencontre des Prussiens, feraient lever le siège de Belfort, et de là pénétreraient en Allemagne, après avoir coupé le chemin de fer de Strasbourg à Paris. Garibaldi et le général Cremer avaient l'ordre de couvrir, du côté du Nord, les mouvements de la nouvelle armée. Ce plan hardi, exécuté en octobre, aurait pu réussir et sauver la France ; mais par la température glaciale qu'on avait alors, il était presque impossible de faire manœuvrer victorieusement de malheureux mobiles à peine vêtus, et marchant souvent les pieds nus dans la boue et dans la neige.

Bourbaki rencontra le 9 janvier, le général Werder à trois lieues au sud et au sud-est de Vesoul, et, après un combat sanglant, il parvint à rester maître du village de Villersexel. Son but, nous venons de le dire, était de débloquer Belfort; mais les troupes de Werder tenaient les positions entre cette place et lui. On n'était pas, du reste, sans inquiétude, au quartier-général de Versailles, au sujet de ce dernier : il s'était aventuré beaucoup plus loin qu'il ne devait le faire, et comme il se trouvait à plusieurs jours de marche du 7e et du 8e corps, on craignait que les résultats d'une nouvelle bataille ne fussent des plus graves pour l'armée qui investissait Paris. Il avait été obligé d'évacuer Dijon, Gray, Lure et Vesoul.

Le 15, l'armée du centre, ou plutôt de l'Est, se battit une seconde fois toute la journée ; elle occupa Montbéliard, Yons-le-Château, Vyans, Tavey, Byans, Coisevaux et Chagey. Les hommes couchèrent sur leurs positions, dans la neige, sans pouvoir allumer de feu, n'ayant pour toute nourriture que les morceaux de lard et de pain dont ils s'étaient munis. Pendant la nuit, la canonnade se fit entendre souvent. Le lendemain, la lutte fut plus furieuse encore que la veille, et elle recommença le 17 avec un acharnement nouveau.

Les malheureux assiégés de Belfort voyaient de loin, sur les hauteurs, les canons français, et formaient des vœux ardents pour le succès de nos armes. Le soir, nos soldats furent forcés de reculer. Manteuffel, récemment appelé du Nord, assista à la fin de la bataille. La victoire restait aux Allemands, et ils la devaient à leurs pièces de 24, dont les prodigieux obus portaient le ravage dans nos rangs, et aux secours qu'avait reçus Werder. Le général Bourbaki, atteint d'une blessure, remit le commandement au général Clinchant.

Pendant ce temps, le général Cremer, après s'être distingué devant Belfort, livrait les combats de Villers-la-Ville et de Dannemarie, et se rabattait sur Pontarlier. Quant à Garibaldi, il guerroyait contre quelques bataillons envoyés par Manteuffel du côté de Dijon pour masquer ses mouvements, et lorsque ces bataillons disparurent, il chanta victoire ; mais Manteuffel aidait Werder à poursuivre nos troupes.

Dans le Nord, le général Faidherbe avait pris Bapaume, mais Péronne avait capitulé. Le 11, le quartier-général de l'armée française était en avant de Boileux ; ce jour-là, les grand'gardes prussiennes de Béhagnies et de Sapignies furent enlevées par surprise. Le 14, nos troupes se portèrent de Bapaume à Albert, où elles entrèrent sans résistance. Le lendemain, le général reconnut les positions de la Somme ; tous les ponts étaient coupés, et l'ennemi avait barricadé les villages de la rive gauche. Les routes étaient tellement glissantes que la marche devenait, pour ainsi dire, impossible.

La reddition de Péronne avait énormément contrarié les opérations du général en chef ; ses mouvements furent momentanément arrêtés, et, dans une dépêche adressée au commissaire de la Défense nationale, à Lille, il annonça que le commandant de la place allait être traduit devant un conseil de guerre, pour s'être rendu lorsque les fortifications étaient encore intactes et que des troupes marchaient à son secours.

Le 16, l'avant-garde du général arrivait à Saint-Quentin, et les Prussiens abandonnaient la ville; le 17 et le 18, son armée campait dans les environs. Le 19, Von Gœben, successeur de Manteuffel, à la tête de forces bien supérieures en nombre, lui livra une bataille acharnée. Nos soldats maintinrent leurs lignes jusqu'au soir; mais, à la nuit, Faidherbe, les jugeant trop fatigués pour poursuivre la lutte, se retira sur Cambrai, où il établit provisoirement son quartier-général. Le 22, il était à Lille, et, de concert avec M. Gambetta, venu de Bordeaux, il s'occupait de réparer ses pertes, afin de reprendre promptement l'offensive. On craignait qu'il ne pût sauver Cambrai, que l'ennemi menaçait d'un bombardement : les généraux allemands, qui s'attendaient à un retour prochain de sa part, voulaient s'emparer au plus vite d'une des places les plus propres à servir d'appui à ses opérations. Le 23, il fut décidé dans un conseil de guerre auquel assistait M. Gambetta, que les environs de Valenciennes, de Lille, de Douai et d'Arras seraient inondés; les pertes pour l'agriculture seulement étaient estimées à 20 millions.

L'ennemi avait, en effet, commencé à bombarder Cambrai le 22, dans l'après-midi. Ses principales batteries avaient été établies au sud-ouest, du côté de Marcoing et de Mosnieux. Mais la place était munie de canons de marine qui démontaient les pièces prussiennes, et Von Gœben, redoutant de voir arriver d'un moment à l'autre le général Faidherbe, se replia avec ses troupes. L'armée du Nord avait conservé toute son artillerie; elle commença aussitôt à se reformer à Douai et dans les villes voisines ; mais son rôle était désormais fini, et les événements allaient se précipiter avant qu'elle eût le temps de se reconstituer pour reprendre la campagne.

Dans l'espace de deux mois, cette petite armée avait livré quatre batailles et plusieurs combats, et fait éprouver à l'ennemi des pertes que l'on pouvait évaluer à plus de quinze mille hommes.

Pendant que les Allemands continuaient à canonner, sans trop d'incidents graves, les forts de l'Est et du Sud, le général Trochu organisait de nouvelles sorties, qui eurent lieu dans la journée du 15 et la nuit suivante. La première fut encore dirigée sur le Bourget ; la seconde se porta contre les lignes saxonnes qui s'avançaient vers Avron. Si l'ennemi subit, comme d'habitude, des pertes sérieuses, il réussit une fois de plus à arrêter l'armée de Paris. Le bruit courut que le gouverneur avait, par suite, offert sa démission au conseil de la Défense, et qu'il ne voulait plus servir qu'avec le titre de général de division. La vérité était qu'il avait été question de créer un *triumvirat* ; mais le conseil avait reculé devant la responsabilité qui pèserait sur lui s'il bouleversait les projets conçus, et le général Trochu avait conservé le commandement en chef. Le 19, le général opéra une grande sortie à la tête de 150,000 hommes, et livra, de onze heures à la tombée de la nuit, un combat meurtrier qui lui permit de s'avancer jusqu'à une lieue de Versailles ; mais voyant que la droite seule tenait bon, et convaincu qu'une plus grande effusion de sang était inutile, il fit rentrer ses troupes dans Paris, où elles ne pouvaient plus servir qu'à appuyer les négociations qui ne devaient pas tarder à s'ouvrir. On s'était emparé de la redoute de Montretout et de Buzenval.

Si la bataille du 19 janvier n'avait pas donné les résultats que Paris en pouvait attendre, elle était l'un des événements les plus considérables du siége, l'un de ceux, dit M. de la Vausserie, qui témoignaient le plus hautement de la virilité des défenseurs de la capitale. Nos pertes s'élevaient à environ 3,000 hommes tués ou blessés.

Le bombardement prenait de jour en jour plus d'extension : Saint-Denis devint à son tour le point de mire des batteries ennemies, et le feu y causa des dévastations affreuses. Tout cela néanmoins ne provoquait encore aucun symptôme de soumission. Le roi Guillaume, de son côté, ne pouvait songer à ordonner l'assaut : c'eût été une entreprise téméraire qui eût coûté à son armée des pertes terribles. La canonnade devait donc continuer jusqu'à ce que la ville, terrifiée par les désastres ou fatiguée des privations, consentît à se rendre. Les Prussiens, pour hâter le dénouement, faisaient en sorte de n'épargner ni les monuments, ni même les hôpitaux, et l'on calculait que, dans l'espace de deux jours, le nombre des projectiles lancés représentait une somme de 1,500,000 francs ; heureusement, le mal occasionné par les obus n'était nullement en rapport avec une pareille dépense.

Le *Journal officiel* du 22 contenait une nouvelle importante. Le conseil de la Défense avait décidé que le commandement en chef de l'armée de Paris serait désormais séparé de la présidence du gouvernement, et le général Vinoy était nommé à ce commandement. Le titre et les fonctions de gouverneur de la capitale étaient supprimés, mais le général Trochu conservait la présidence du gouvernement. Cette mesure était, disait-on, la conséquence de l'insuccès de la sortie du 19. Les maires demandaient qu'on ne s'en tînt pas là ; tous exprimaient le vœu qu'on tentât de nouveaux efforts pour rompre les lignes ennemies et se joindre à l'une des armées de la province.

Le gouvernement, sans être complétement désorganisé, n'avait plus sur la population l'influence des premiers jours; les partisans de la Commune résolurent de mettre à profit l'occasion que leur fournissait l'événement du 21 janvier pour tenter de nouveau de s'imposer à la capitale, et, dans la nuit du 21 au 22, une poignée d'émeutiers se porta sur la prison de Mazas dans le but de mettre en liberté certains prisonniers politiques. Le directeur, M. Baget, installé depuis le 4 septembre, au lieu de requérir la force pour disperser les furieux, céda à la demande de quelques délégués. Flourens fut de ceux à qui l'on ouvrit la porte de leur cellule. La bande se rendit ensuite à la mairie de Belleville, et là elle s'empara de 4,000 rations de pain, et but une barrique de vin réservée aux nécessiteux. Durant la matinée, la ville fut calme ; mais, vers deux heures de l'après-midi, les émeutiers, en armes, descendirent sur la place de l'Hôtel de ville, et l'on se battit jusqu'à la nuit. De nombreuses arrestations furent opérées. Il y avait eu un certain nombre de perturbateurs tués ou blessés par les défenseurs de l'Hôtel de ville. Le lendemain, Paris reprit son aspect habituel.

CHAPITRE XII

L'invasion de l'Oise.

Ainsi qu'il a été dit, une levée considérable avait été ordonnée par le gouvernement de la Défense nationale. En attendant qu'elle fût faite, des francs-tireurs et des volontaires enlevaient çà et là des transports et rendaient les routes dangereuses pour l'ennemi. Un corps spécial — le 12e corps — fut organisé par l'état-major prussien, et placé sous le commandement du grand-duc de Mecklembourg, qui fut nommé en même temps gouverneur des provinces occupées, à l'exception de l'Alsace et de la Lorraine. Le siège de ce commandement était à Reims. Le 12e corps, auquel on adjoignit les divisions de cavalerie qu'on ne pouvait employer entièrement devant Paris et Metz, avait pour mission d'assurer les communications des troupes concentrées sous les murs de la capitale avec la Lorraine et l'Alsace ; divisé en régiments et en brigades, il devait marcher dans toutes les directions, poursuivre les bandes isolées et les détruire. Une de ces brigades fut chargée d'opérer dans l'Oise et d'y faire des réquisitions de vivres. Le récit des faits qui se passèrent dans ce département donnera une idée de la manière dont procédaient les Prussiens.

L'ennemi approchait. Le 14 septembre, à trois heures du matin, le génie militaire fit sauter le pont du chemin de fer établi sur l'Oise, entre Creil et Chantilly. Le 14 aussi, un détachement de uhlans se présenta à Compiègne, et l'officier qui le commandait demanda à entrer en négociations avec le maire ; mais ce magistrat répondit que la ville ne subirait jamais l'humiliation de se soumettre à des réquisitions qui ne lui seraient pas imposées par des forces supérieures, et les uhlans se retirèrent. Le lendemain, d'autres cavaliers se montrèrent à un kilomètre de Senlis et à Mello. Une cinquantaine étaient arrivés la veille à Crépy-en-Valois, et avaient cherché à s'emparer des jeunes gens de la classe de 1870, réunis pour le tirage au sort ; beaucoup de ces jeunes gens avaient fui à travers les marais et étaient allés à Beauvais se mettre à la disposition de l'autorité militaire.

Trois cents cuirassiers blancs de Bismarck, suivis d'autant de fantassins et de douze chariots vides, s'installèrent bientôt à Compiègne, au château, au collège et aux Petites-Ecuries ; ils s'occupèrent ensuite de trouver des vivres, et ce ne fut qu'avec peine que la municipalité parvint à satisfaire à leurs demandes. Quelques jours après, on écrivait de cette ville qu'ils avaient complétement déménagé le château : il n'y restait pas une glace, un bronze, une statue.

Sur la montagne, entre Béthisy, Néry, Vérines, Roquemont et Glaines, se trouve la ferme de Plessis-Châtelain. Un officier de uhlans, qui s'en était approché, ayant été mortellement blessé par des francs-tireurs, les Allemands arrivèrent le lendemain, mirent le feu à la ferme, et formèrent le cercle autour des bâtiments en flammes, pour empêcher les populations d'éteindre l'incendie : plusieurs bœufs périrent, et une partie des édifices furent détruits.

Les Prussiens firent leur entrée à Senlis le 15 : ils étaient 6,000, sous les ordres du duc de Mecklembourg. Leur premier soin fut de s'emparer de la gare et du train qui arrivait en ce moment, puis ils se répandirent dans la ville, se logeant eux-mêmes à leur guise. Toutes les armes durent être apportées à l'Hôtel de ville. Des soldats, trouvant plusieurs maisons abandonnées, y brisèrent les meubles et emportèrent les objets à leur convenance. Dans les campagnes environnantes, les troupes allemandes se conduisirent avec plus de sans-gêne encore, et elles y saccagèrent tout. Les cultivateurs regrettaient que, dans leurs courses de réquisitions, les uhlans ne fussent pas accompagnés d'officiers qui auraient pu s'opposer à leurs vexations, et que des ordres sévères ne leur fussent pas donnés au sujet des propriétés et des personnes.

Le 16, les habitants de l'Isle-Adam (Seine-et-Oise), exaspérés des exigences de l'ennemi, prirent le parti de résister, et, s'emparant d'armes de toute espèce, ils mirent en déroute un petit détachement de Prussiens, dont ils tuèrent une cinquantaine. Cette nouvelle se répandit avec rapidité ; le tocsin sonna, et chacun accourut. Le 17, les compagnies de gardes nationales de Chambly, Belle-Eglise, Méru, Puiseux, etc. (Oise), auxquelles s'étaient joints des hommes de bonne volonté, armés de fourches, de carabines, de fusils de chasse, se réunirent au nombre de 800 environ pour attendre un convoi, qui était allé en réquisition à Crouy-en-Thelle et devait se rendre à Précy. On se divisa en deux groupes, et l'on suivit un sentier le long d'un bois. Tout à coup apparurent les trente chariots allemands, conduits par une soixantaine de soldats. Ces soldats étaient exaspérés par les coups de fusils qu'ils avaient essuyés au départ de Crouy, et à la vue d'une masse de gardes nationaux, ils firent feu et en blessèrent quelques-uns ; plusieurs tombèrent, atteints plus ou moins grièvement. M. Garry, capitaine de la compagnie de Chambly, reçut une blessure qui faillit être mortelle ; un cantonnier de Puiseux fut tué. Les gardes nationaux, comprenant que leurs armes, de beaucoup inférieures aux fusils à aiguille, ne pourraient leur assurer l'avantage, se replièrent dans les bois. Des Prussiens avaient été blessés, mais on en ignorait le nombre.

A cette date, l'ennemi occupait Compiègne, Senlis, Chantilly, Creil, Montataire et les communes voisines. Dans l'arrondissement de Senlis, on avait creusé des tranchées sur les routes et élevé des obstacles pour arrêter sa marche : les Prussiens obligèrent les habitants à rétablir partout la circulation ; sous ce rapport, ils se montraient d'une certaine sévérité. A Chantilly, ils tirèrent sur un train. A Creil, ils prirent possession de la gare, comme à Senlis, et de trois locomotives restées sur la voie : l'entrée du pont construit sur l'Oise, dut être débarrassée des pierres énormes dont on l'avait obstruée. Toutes les armes leur furent remises ; ils firent des réquisitions en nature, puis ils choisirent chacun leur logement. Ils partirent le lendemain matin.

A l'approche des envahisseurs, les campagnards effrayés prenaient la fuite, et l'on voyait parfois passer dans les villes de lourds chariots venant de la Champagne, de la Picardie, de la Lorraine, qui emmenaient au loin de pauvres familles. Le bétail suivait. Les larmes venaient aux yeux à l'aspect de ce triste spectacle. C'était la vieille histoire :

Nos patriam fugimus et dulcia linquimus arva.

Ces malheureux n'avaient pas aperçu l'ennemi ; mais la terreur les avait chassés, et ils emportaient le peu qu'ils possédaient.

Le 26, 250 uhlans comptaient se présenter à Clermont : ils furent repoussés près de Rantigny par la garde mobile, les francs-tireurs et un certain nombre d'habitants. Ils revinrent le 27, en forces, cavalerie, infanterie et artillerie; leur nombre s'élevait à 2,700. Ayant trouvé des fusils dans la maison de M. Fleury-Duvoir, ils brûlèrent son habitation ; un homme fut tué dans les bois, et il y eut plusieurs personnes blessées.

De Rantigny, les Prussiens se dirigèrent sur Clermont, par Cambronne et Auvillers : rencontrant quelque résistance dans ce dernier village, ils incendièrent la ferme, deux ou trois maisons et les dépendances du château. Ils étaient à Clermont à une heure. Les autorités et le curé étaient allés au-devant d'eux avec le drapeau parlementaire. Le commandant exigea qu'on lui remit six soldats qui avaient été pris la veille par les mobiles ; et pour être plus sûr de les obtenir, il donna l'ordre d'arrêter l'ancien maire, M. Duvivier, et le nouveau sous-préfet, M. Descuignières. Trois membres du tribunal durent partir pour Amiens afin d'en ramener les prisonniers. L'ennemi procéda à ses réquisitions habituelles, après avoir imposé à Clermont une contribution de guerre de 39,000 francs. Il partit le 27, mais il revint quelques jours après et établit une garnison dans la ville.

Le 29, les Allemands étaient à Mouy; on devait les attendre prochainement à Beauvais. Le 30, en effet, vers onze heures du matin, quelques uhlans y arrivèrent, débouchant par la route de Paris. Ils furent bientôt suivis de 700 cavaliers, appartenant à deux régiments saxons, et de 2,000 hommes d'infanterie de la garde royale de Prusse. Deux pièces de canon et deux fourgons les accompagnaient; 150 chariots destinés aux réquisitions venaient derrière. Ces troupes se rangèrent sur la place de l'Hôtel de ville, et, dans l'après-midi, les soldats se dispersèrent dans les rues, et se logèrent eux-mêmes chez les habitants qui furent tenus de les nourrir. Aucune contribution ne fut levée sur la population, mais il fallut que toutes les armes fussent portées à la mairie. Des détachements partirent le soir pour aller réquisitionner dans les campagnes.

Le lendemain, un avis de l'intendance apprit aux cultivateurs à quel prix ils pourraient vendre leurs denrées, qu'on promettait de payer en thalers et en billets sur la banque de Berlin.

Beauvais devant être occupé longtemps, un général vint y prendre le commandement. Ce général, M. Von Senft Pilsach, se fit remarquer par sa parfaite convenance et la modération dont il usa en toute occasion; la commission municipale n'eut qu'à se louer de ses rapports avec lui.

Le département de la Seine-Inférieure paraissait décidé à opposer à l'ennemi de la résistance : des forces furent réunies à Gournay, et des coups de fusil s'échangèrent bientôt, à peu de distance de cette ville, entre les uhlans et les francs-tireurs.

Le 6 octobre, la population de Beauvais fut douloureusement émue pendant toute la journée. Dès le matin, des troupes s'étaient mises en route, et l'on croyait qu'elles allaient attaquer Gournay. L'anxiété était d'autant plus vive qu'on savait que deux bataillons des mobiles de l'Oise se trouvaient sur ce point. Vers midi, on entendit distinctement plusieurs coups de canon; chacun crut que la lutte était engagée. Des personnes aperçurent, de la butte Saint-Jean, d'épaisses colonnes de fumée, du côté de la Chapelle-aux-Pots, et l'on assurait que ce bourg et les villages voisins étaient en feu. On ne se trompait pas. Les Prussiens venaient d'incendier les trois hameaux d'Hédicourt, d'Armentières et de Hodenc-en-Bray, d'où l'on avait tiré sur leurs éclaireurs. Un garde-barrière du chemin de fer et un habitant, accusés d'avoir pris part à l'attaque contre les uhlans, avaient été fusillés. Le petit corps expéditionnaire revint le soir. Les soldats étaient très-fortement impressionnés de l'acte de vandalisme qu'on les avait forcés de commettre. Il y avait parmi eux des pères de famille, et ceux-là surtout ne pouvaient oublier ces femmes, ces petits enfants, qui étaient tombés à leurs genoux, les conjurant, mais en vain, d'épargner leurs maisons, et qui maintenant n'avaient plus d'abri.

Le 11, les Prussiens s'acheminèrent vers Gisors, où ils furent rejoints par des détachements venus du canton de Méru; ils tirèrent quelques coups de canon sur la ville, qui se rendit aussitôt. Plusieurs maisons de la commune d'Eragny, desquelles on avait fait feu sur eux, furent livrées aux flammes. Le lendemain, des forces plus importantes se dirigèrent sur Gournay. Les hussards et les mobiles qui y tenaient garnison se replièrent à l'approche de l'ennemi, faute de canons, et la ville fut momentanément occupée.

Breteuil reçut à son tour la visite des Allemands. Ils allèrent, le 12, attaquer ce bourg, qui était défendu par

600 hommes d'infanterie et le bataillon des mobiles de Doullens. Il y eut un engagement assez sérieux, dans lequel les Français tuèrent bien des hommes ; mais nous perdîmes aussi un certain nombre des nôtres, et 32 mobiles, dont un officier, furent faits prisonniers. Les soldats et les mobiles, voyant qu'ils avaient affaire à la garde royale, appuyée par 10 pièces de canon, se retirèrent sur Flers. Les Prussiens frappèrent le bourg d'une contribution de 75,000 francs, et y laissèrent une garnison. Ils rentrèrent le soir à Beauvais, avec leurs prisonniers, qui furent conduits le lendemain à Chantilly, et de là en Allemagne. Plusieurs maisons avaient été brûlées ; l'ennemi avait enlevé de l'argenterie et pillé des magasins.

Les Prussiens occupaient aussi Méru et les communes avoisinantes, de façon à assurer les communications entre l'armée qui investissait Paris et les troupes cantonnées à Gisors et à Gournay. Le prince Albrecht, neveu du roi de Prusse, avait logé deux ou trois jours chez le marquis de Mornay, au château de Montchevreuil, avant de se porter sur Gisors.

Une partie de la garnison de Beauvais se rendit le 14 à Granvilliers et y entra sans résistance ; comme à Breteuil, il y fut fait des réquisitions écrasantes. Le 20, 200 hommes reçurent l'ordre d'aller chercher à Gisors un convoi de vivres. A une heure de l'après-midi, l'alerte fut donnée en ville : quelques uhlans venaient d'accourir en toute hâte, et ils apportaient assurément de fâcheuses nouvelles, car, vingt minutes après, l'infanterie et la cavalerie prenaient la route de Gisors, suivies de plusieurs pièces de canon et des ambulances. Le soir, on apprit la cause de cette alerte : une vingtaine d'hommes du détachement du matin avaient été tués par les francs-tireurs. L'infanterie revint seule à Beauvais et partit de nouveau le lendemain : on pensait qu'elle allait venger la mort de ceux qui avaient péri, mais les francs-tireurs avaient disparu.

Tous les matins, ou à peu près, des détachements s'en allaient ainsi en expédition. Vers la fin d'octobre, plusieurs compagnies de la garde quittèrent la ville : c'était le moment où le général Bourbaki venait de prendre le commandement de la région du Nord, et l'ennemi jugeait prudent de concentrer des forces vers Amiens. Le 28, une quarantaine d'Allemands eurent un engagement, à Poix, avec des francs-tireurs. Le même jour, 700 s'installèrent chez les habitants, à Grandvilliers, et un autre petit corps alla s'établir à Formerie ; 1,200 occupaient Sarcus avec du canon et des mitrailleuses. Il fallait s'attendre à une affaire. Le 29, en effet, de 10 heures à 3 heures, on entendit gronder le canon dans la direction de ces localités, et le soir, vers 9 heures, on vit partir de ce côté ce qui restait de troupes à Beauvais, avec les voitures d'ambulance. Un quart d'heure après, la colonne rentrait en désordre, suivie d'une foule silencieuse et inquiète. La nuit était sombre, la pluie tombait en abondance, les magasins se fermaient dans les rues ; le bruit des pas de la lourde infanterie prussienne, dont les casques pointus et les fusils étincelaient à la lumière des becs de gaz, avait quelque chose de sinistre qui serrait le cœur. Hommes et bêtes, tous étaient exténués de fatigue. On s'était battu à Formerie, et l'ennemi avait été refoulé sur Songeons. Voici ce qui avait eu lieu :

Une compagnie de 130 hommes du 19ᵉ de ligne, et des mobiles, commandés par le capitaine Dornat, étaient postés à la gare, lorsque des uhlans vinrent, à neuf heures du matin, pousser une reconnaissance à quelques pas d'eux. Le capitaine Dornat et ses soldats les reçurent à coups de fusil, et les poursuivirent à travers le bourg jusqu'à la grande place, à un kilomètre environ de la gare; là ils se trouvèrent en face du gros d'un détachement prussien, fort de 1,200 hommes, infanterie et cavalerie, appuyés de deux pièces de canon, qui ouvrirent immédiatement un feu terrible. Le capitaine plaça ses hommes de manière à donner le change aux Allemands sur son petit nombre, et, dans cette situation critique, il tint bon jusqu'à midi et demi, heure à laquelle il commença à faire reculer l'ennemi, créant au fur et à mesure des barricades improvisées. En ce moment arrivèrent des renforts, composés d'autres soldats de ligne, de plusieurs escadrons du 3ᵉ hussards, sous les ordres du colonel d'Espeuilles, et de la 2ᵉ compagnie du 1ᵉʳ bataillon de l'Oise, ayant à la tête le capitaine Alavoine, de Beauvais. Grâce à l'intervention énergique de ce renfort et aux dispositions prises par le colonel d'Espeuilles, les Prussiens furent délogés des maisons où ils s'étaient retranchés, et repoussés définitivement. Nous avions eu cinq ou six hommes tués; une vingtaine avaient été blessés, parmi lesquels le capitaine Dornat, le capitaine Alavoine, les sous-officiers des mobiles Jourdan, de Marthes et Georges; le caporal Binnières avait reçu une balle dans le front qui l'avait étendu mort. Quant aux Allemands, ils avaient dissimulé leurs pertes avec leurs précautions ordinaires, mais elles avaient dû être sensibles. En partant, ils donnèrent une nouvelle preuve de leur barbare façon de comprendre la guerre; quelques-uns entrèrent dans des modestes habitations et les incendièrent au moyen de bottes de paille enflammées avec des mèches enduites de pétrole. Le résultat de cette affaire était tout à l'honneur de nos troupes et de nos mobiles. Le lendemain, le bourg de Formerie présentait l'aspect le plus triste. Les boutiques et les cafés étaient fermés ; indépendamment des maisons brûlées, beaucoup d'autres étaient criblées de balles ; les vitres étaient brisées, les portes défoncées.

On fut quelques jours sans entendre parler d'aucune expédition importante ; des promenades militaires à Bresles et à Achy, où l'ennemi alla réquisitionner, parce qu'on avait fait feu sur des uhlans, ce fut tout.

Le 6 novembre, 3,000 hommes arrivèrent à Beauvais ; on les logea, en grande partie, dans les faubourgs, ainsi que dans les casernes et divers établissements publics. Un des corps de l'armée du prince Frédéric-Charles, qui avaient quitté Metz, s'avançait sur Amiens et sur Rouen. On croyait que ces 3,000 hommes étaient destinés à prendre part aux opérations projetées en Normandie. Le lendemain, l'infanterie de la garde partit pour Ecouen avec ses canons et ses ambulances ; il ne resta plus à Beauvais que des Saxons arrivés la veille.

Les Saxons faisaient fréquemment aussi des expéditions pour rançonner les hameaux où leurs hommes avaient eu maille à partir avec les francs-tireurs, car le patriotisme commençait à s'éveiller, et les habitants des campagnes paraissaient n'être pas d'humeur à se laisser tyranniser plus longtemps : de là, presque chaque jour, des soldats tués dans les reconnaissances, et, par suite, des représailles sévères et même cruelles. Il arriva un matin qu'un cavalier eut son cheval percé d'une balle dans les environs de Beauvais ; quelques heures après, un fort détachement de ces chasseurs que les Prussiens, à cause de leur costume sombre, appelaient « les diables noirs, » arriva sur les lieux, et le premier homme qui se présenta à leur vue — un vieillard de 70 ans — reçut un coup de feu qui l'étendit mort. Ce vieillard était un garde-champêtre, et comme il était coiffé d'un képi, les chasseurs l'avaient pris pour un garde mobile.

Les Saxons quittèrent Beauvais à la fin de novembre ; ils furent remplacés de nouveau par une partie des détachements de la garde qui y avaient d'abord tenu garnison. Ces mouvements de troupes s'expliquaient par la marche sur Amiens du corps venant de Metz. L'arrondissement de Compiègne était traversé alors par cette armée.

Le 3 décembre, il n'y avait plus un seul ennemi à Beauvais : tous étaient partis le matin, emportant des couvertures de beaucoup de maisons et du collége. Le 4, d'autres régiments saxons arrivèrent ; et comme des pierres avaient été lancées la veille sur un wagon où était monté un général, le major Von Funck se montra d'une sévérité extrême : il suspendit les journaux, défendit de sonner les cloches et supprima les courriers : on fut, dès lors, presque totalement privé de nouvelles et de lettres. Un autre motif le poussait à agir ainsi : ses hommes avaient été repoussés d'Etrépagny par le général Briant, et les renseignements venus de Paris nous étaient favorables.

Le 6, un spectacle douloureux émut vivement les habitants : 300 prisonniers français — gardes nationaux mobilisés, mobiles et soldats — traversèrent les rues. Comme ils ne devaient partir que le lendemain, on fit à la hâte une quête en leur faveur, et ce fut avec le plus grand empressement que chacun voulut contribuer à adoucir leur misère. Le 7, 100 autres prisonniers arrivèrent encore ; on accourut sur leur passage, et on leur fit accepter un peu d'argent, des bas, des gilets de laine, car la neige tombait à gros flocons, et le voyage jusqu'en Allemagne devait être pénible. Ce petit corps avait été enveloppé à quatre lieues de Rouen, par 12 ou 15,000 Prussiens, et il lui avait fallu mettre bas les armes. Les gardes nationaux étaient commandés par le capitaine Da Costa, ancien substitut au parquet de Beauvais, les soldats par le sous-lieutenant Dé Breda, de l'arrondissement de Compiègne, et les mobiles par le capitaine Helouin, de la Seine-Inférieure.

Le 14, 12 ou 15,000 chasseurs saxons venant, eux aussi, disait-on, d'Etrépagny, succédèrent aux autres ; ils ne restèrent que deux jours. Le 17, ce furent des soldats appartenant à différents corps qui s'installèrent chez les habitants ; ils étaient accompagnés de nombreux chariots. Le 18, une partie de l'armée de Manteuffel, accourue en toute hâte de Rouen et des environs, coucha à Beauvais ; elle en partit le lendemain. L'armée du Nord s'avançait dans la direction de Paris, et les troupes appelées de Normandie se portaient à sa rencontre. Ces troupes étaient loin de se conduire à l'égard des populations avec autant de convenance que les Saxons et les soldats de la garde. A Beauvais particulièrement, des plaintes nombreuses se produisirent ; on eut à signaler des vols et des actes de grossièreté ignobles, qui justifiaient pleinement le mot de Gœthe au sujet de ses compatriotes : « La nature les a créés barbares, et l'instruction les a rendus méchants. »

Le 21, la ville était de nouveau occupée par les Saxons et par un détachement de la landwehr, qui les avait précédés. Le 22, le prince Albrecht et le prince de Hesse, duc de Nassau, logèrent à l'hôtel de la préfecture : ils étaient à la tête de plusieurs escadrons de cavalerie, qu'on dut envoyer dans les communes voisines, faute de fourrage. Depuis le 28 septembre, Beauvais avait eu à nourrir par jour, en moyenne, 1,500 chevaux. Tout cela partit le 22 pour la Somme.

Le 25, vers 9 heures du matin, la trompette sonna

tout à coup dans les rues, et les troupes, moins le détachement de la landwehr, prirent précipitamment la route d'Amiens. Les soldats de Manteuffel avaient rencontré l'armée du Nord, et la fortune nous était enfin propice. Le 26, on apprit que nous avions fait 2,000 prisonniers; mais 750 des nôtres, parmi lesquels 18 officiers, venaient d'arriver à Beauvais, et on les logeait, pour la nuit, comme ceux qui avaient été amenés précédemment, à la caserne Saint-François. Une scène pénible se passa, à cette occasion, sur le boulevard, près de la caserne. Une femme ayant voulu donner une paire de souliers à un mobile, l'officier qui commandait l'escorte s'empara de ces souliers et en frappa brutalement celui à qui ils étaient offerts. A cette vue, un cri d'indignation s'éleva dans la foule, et l'on ne parla de rien moins que de délivrer les prisonniers. L'officier prussien ordonna alors de charger, et une balle atteignit le jeune De Marthes, dont le frère avait été blessé à Formerie : il mourut, quelques jours après, de sa blessure. Un enfant fut foulé sous les pieds d'un cheval; trois ou quatre personnes reçurent des coups de crosse et des coups de baïonnette.

Le 29, un préfet prussien fut installé à Beauvais, ainsi qu'un chef de gare et des agents du service télégraphique. Le préfet impérial — le roi Guillaume s'était fait couronner empereur d'Allemagne le 17 janvier, à Versailles, en présence des princes allemands — prit, quelque temps après, une mesure qui causa un vif mécontentement. Il supprima le service des postes, et rompit ainsi les relations de famille et d'affaires. Il n'arrivait guère plus de lettres et de journaux que ceux qu'apportaient les voyageurs ou des hommes dévoués qui consentaient à aller échanger les correspondances, pour le compte de l'administration française, dans une localité en rapport avec une ville non occupée : les facteurs, déguisés pour ne point éveiller l'attention des Allemands, remettaient discrètement à domicile ce qu'ils avaient reçu pour chacun.

Le détachement de la landwehr s'accrut, le 21, d'un certain nombre de soldats envoyés des confins de la Russie. C'étaient des Polonais. Ces braves gens, la plupart pères de famille, avaient quitté avec regret leurs foyers, et ils ne cachaient pas leur désir d'y rentrer le plus tôt possible. Arrachés brusquement à l'atelier ou à la charrue, ils n'avaient précisément rien de bien militaire, et l'on riait volontiers de les voir passer dans les rues, tenant assez gauchement leur fusil, que beaucoup, les premiers jours, ne quittaient pas, même quand ils allaient à l'église. Tous fumaient la longue pipe traditionnelle avec une gravité imperturbable.

Divers arrêtés signalèrent l'administration du préfet prussien. En vertu d'instructions émanant du gouverneur placé à la tête de la région qui comprenait la Somme, l'Oise, la Seine-Inférieure, la Seine-et-Oise, l'Eure-et-Loir, le Loiret et une partie de l'Eure, il fut défendu aux jeunes gens de répondre à l'appel du gouvernement français en ce qui concernait la levée en masse. Les fonctionnaires des diverses administrations durent cesser leur service. Les contributions directes pour l'année 1871 devaient être versées par douzième dans la caisse préfectorale ; les communes étaient rendues responsables ; un intérêt de 5 pour 100 serait exigé par chaque jour de retard, et si le retard était d'une semaine, on enverrait, dans les localités qui n'auraient pas opéré leur versement, des soldats, à qui les habitants seraient tenus de donner 2 francs par jour, outre la nourriture et le logement ; les officiers auraient droit à 6 francs.

Le roi de Prusse avait ordonné, dès le commencement de l'invasion, qu'il serait imposé à chaque département occupé, au profit des Allemands résidant en France avant la guerre et qui avaient été expulsés, une contribution d'un million. Le préfet fit publier à ce sujet, dans les premiers jours de février, un arrêté qui portait que cette contribution serait payée par les communes, d'après l'assiette des contributions directes. L'arrondissement des Andelys (Eure), incorporé dans le Nord, avait à verser, pour sa part, 157,947 francs.

Ainsi que l'avait dit un jour un officier de l'armée de Manteuffel au châtelain chez qui il recevait l'hospitalité, la Prusse ne nous faisait nullement une guerre loyale, mais une guerre de dévastation. Il fallait de l'argent aux Prussiens, et ils usaient de tous les moyens pour en extorquer. Le journal *l'Abbevillois* était vendu en cachette par des industriels : le préfet se plaignit que sa défense de laisser pénétrer dans le département des feuilles françaises était enfreinte, et il infligea à chacun des conseillers municipaux une amende de 1,000 francs. En vain les conseillers essayèrent de lui faire comprendre que c'était là une querelle d'Allemand, qu'ils ne pouvaient empêcher une vente clandestine ; il menaça d'envoyer en Prusse les récalcitrants, et il eut son argent. Le fait était d'autant plus odieux qu'un armistice venait d'être signé et qu'on s'attendait à ce que la paix serait bientôt conclue.

Un autre jour, le baron de Swhartzkoppen — c'était le nom du préfet allemand — se rendit à la manufacture nationale et fit enlever de leurs cadres les tapisseries précieuses qui décoraient la principale galerie ; la valeur de ces magnifiques ouvrages n'était pas estimée à moins de 120,000 francs. Les Prussiens, on le voit, exploitaient de leur mieux les villes qu'ils devaient bientôt quitter, sans nul souci des colères que leurs déprédations soulevaient parmi les populations. Les tapisseries furent restituées plus tard.

Il y eut à Beauvais, le 7, le 8 et le 9 février, de grands passages de troupes. Une partie d'entre elles se dirigeait vers Rouen, pour renforcer l'armée du duc de Mecklembourg, venue du Mans, dans le cas où elle aurait à se porter sur le Hâvre ; le reste demeurait cantonné dans l'Oise, et devait appuyer, au besoin, par les armes, les demandes d'argent du préfet. Ce fut le 10 qu'on commença à percevoir le douzième des contributions de 1871, et l'on fut très-surpris d'avoir à payer en outre 150 pour 100. Ce n'était pas tout. Le baron de Swhartzkoppen annonça qu'il lui était enjoint de lever un impôt de 10,000,000 sur le département à titre d'indemnité pour les pertes subies par les Allemands dans l'Oise, comme si chaque fois qu'un uhlan avait été frappé, ou un fil télégraphique rompu, la commune où le fait s'était passé n'avait pas eu à verser une somme entre les mains de l'autorité militaire ! Le conseil général se réunit pour délibérer sur cette grave question, et il fut décidé que trois de ses membres — MM. de Gobineau, de Mouchy et de Clermont-Tonnerre — se rendraient à Versailles. Ces messieurs eurent le bonheur de voir leurs efforts couronnés de succès : la contribution fut réduite à un million.

Les élections pour l'Assemblée nationale eurent lieu le 8 février dans toute la France. Les huit députés de l'Oise étaient MM. Emile Leroux, duc d'Aumale, Albert Desjardins, marquis de Mornay, Ulric Perrot, comte de l'Aigle, comte de Kergorlay et Auguste Labitte.

Au commencement de mars, c'est-à-dire après la ratification des préliminaires de paix par l'Assemblée nationale, les différentes administrations reprirent leur service, à l'exception du télégraphe, qui resta encore quelque temps aux mains des Prussiens. Alors commença le mouvement de retraite des troupes allemandes, qui se dirigeaient vers la frontière; mais ce mouvement fut tout à coup arrêté par l'insurrection de la Commune, et Beauvais, depuis ce moment, eut une garnison nombreuse : les campagnes voisines étaient également écrasées de logements militaires.

Le baron de Swhartzkoppen partit à la fin de mars. Le gouvernement de Versailles nomma préfet de l'Oise M. Choppin, avocat à la Cour de cassation. Quelque temps après, sur les instances de M. le comte Clermont-Tonnerre, l'autorité prussienne consentit à rendre les 22,000 francs qui avaient été exigés du conseil municipal par le préfet allemand.

Dans le courant de septembre et au commencement d'octobre, après le paiement des trois premiers demi-milliards de l'indemnité de guerre, Beauvais et le département furent enfin évacués, et ce ne fut pas sans un vif plaisir qu'on vit reparaître l'uniforme français.

CHAPITRE XIII

Le rôle de la flotte pendant la guerre.

Le rôle de la flotte pendant la guerre ne fut pas ce qu'il aurait pu être : cela tint à certaines circonstances qui empêchèrent d'aller débarquer des troupes sur les côtes de l'Allemagne, ainsi qu'on en avait eu d'abord l'intention. Mais si nos marins n'eurent pas, comme ils le désiraient si ardemment, l'occasion de combattre, ils ne firent pas moins preuve, durant un hiver exceptionnellement rigoureux, d'un courage et d'une énergie qui leur valurent l'admiration du monde entier.

Vers la fin de juillet 1870, une escadre, on le sait, fut réunie à Cherbourg. Quelques jours après la visite de l'Impératrice, nos bâtiments se dirigeaient vers le Nord.

Dans l'intérieur de la France, dit M. H***, jeune et intelligent officier, à qui nous devons les détails qui suivent sur la mission qu'eut à remplir la flotte, on ignore complétement ce qui touche au métier de marin. Ainsi, tandis que les journaux vantaient continuellement la fermeté des défenseurs des forts de Paris, une armée navale put, sans émouvoir l'opinion publique, aller accomplir vaillamment une tâche souvent plus pénible que celle qui était confiée aux canonniers de la capitale investie. L'étranger se montrait moins indifférent que la France aux évolutions de notre escadre, et, chaque jour, dans de savantes discussions, les feuilles anglaises rendaient justice à l'habileté de nos manœuvres. Les faits prouvent que la marine, dans sa campagne de la Baltique comme au Japon et dans la mer des Antilles, fut à la hauteur de ses traditions.

Le premier plan formé pour l'expédition de la Baltique ne fut pas celui qu'on exécuta. Il donnait à l'escadre quatorze frégates cuirassées; et les faisait suivre par un convoi de transports, commandé par l'amiral La Roncière, et portant 30,000 hommes de troupes sous les ordres du général Trochu. L'amiral Rigault de Genouilly était nommé commandant en chef.

Ce projet qui, s'il eût prévalu, pouvait changer totalement le cours des événements, ne reçut qu'un commencement d'exécution. Les transports furent armés à Cherbourg; les troupes d'infanterie de marine, appelées de toutes parts, se concentrèrent autour de la ville; mais l'on changea soudain d'idée, et les préparatifs furent suspendus au milieu de l'activité merveilleuse qui y était déployée. Les dernières décisions étaient prises; le vice-amiral Bouët-Villaumez fut nommé commandant de l'escadre, et, le 21 juillet, il partit de Cherbourg avec sept frégates et un aviso pour se rendre dans la Baltique.

Une des instructions reçues par le vice-amiral portait : « Vous vous dirigerez d'abord vers le Sund, où vous détacherez la *Thétis* à Copenhague, puis de nuit vous reviendrez devant la Jaddhe. Pendant ce temps, les autres bâtiments vous seront expédiés. Vous laisserez devant la Jaddhe le contre-amiral Dieudonné avec une division, et vous vous rendrez avec l'autre dans la Baltique; » et plus loin, l'ordre de surveiller la Russie par Cronstadt. Mais aucun renseignement sur les forces de l'ennemi, sur les points où il se trouvait. L'escadre prussienne était-elle à Kiel ou dans la Jaddhe, dans la Baltique ou dans la mer du Nord? Cette ignorance semble d'autant plus incroyable que Berlin était informé du moindre mouvement de nos ports, souvent même avant qu'il fût exécuté.

Cette incertitude plaçait l'amiral dans une position très-embarrassante. Espérant rencontrer l'escadre du prince Adalbert, il avait fait route à toute vapeur; mais son passage fut signalé, et l'ennemi, prévenu, rentra précipitamment dans la Jaddhe. Des difficultés diplomatiques et l'absence des dépêches de Paris arrêtèrent nos forces à l'entrée de la Baltique, et ce ne fut que le 2 août que l'escadre française, dans l'ordre de combat qu'elle conservait depuis son départ de Cherbourg, pénétra dans le Cattégat.

Alors commença cette série de périls, renaissant tous les jours, presque à toute heure, et qui ne devaient avoir de terme qu'avec la fin des hostilités. Jamais forces navales aussi puissantes n'étaient entrées dans ces canaux étroits, parsemés d'écueils et de bas-fonds. L'amiral tenta avec audace cette entreprise, que le grand tirant d'eau des frégates rendait plus dangereuse encore, et le 7 août, il se présenta devant les côtes prussiennes.

Non-seulement tous les phares avaient été éteints; mais l'ennemi avait eu soin de changer de position les différentes marques de la rive, qui sont pour le marin de précieux points de reconnaissance. Les Allemands, en cela, ne se montrèrent pas moins barbares que ces populations inhospitalières qui, suivant la chronique, faisaient courir pendant la nuit sur les falaises des vaches aux cornes desquelles ils avaient attaché des fascines enflammées. Le feu que portait l'animal apparaissait comme celui d'un navire soulevé par les vagues et le malheureux navigateur, rassuré et se croyant éloigné de la terre, venait fatalement se perdre sur les rochers. Au lever du soleil, les habitants dansaient autour des dépouilles que le flot montant avait rejetées sur le rivage.

Le but de l'amiral était de longer la côte prussienne, en reconnaissant les points où il pourrait être attaqué, et aussi ceux que la nature a rendus favorables à un débarquement, car il ne voulait pas encore désespérer de débarquer ses troupes. Ce fut alors qu'un navire ennemi, forçant le blocus, réussit à sortir de Kiel et à atteindre la Jaddhe : c'était l'*Arminous*, petit monitor auquel son faible tirant d'eau permettait de tenir les eaux neutres et de naviguer sur des bas-fonds qui arrêtèrent la frégate envoyée à sa poursuite. Le vaisseau, l'*Elizabeth*, qui avait tenté la même manœuvre, rentra précipitamment à Kiel.

Cette chasse infructueuse donnée à l'*Arminous* mettait en relief le vice de notre armement. L'expédition entreprise avait un caractère tout particulier et nécessitait des moyens d'attaque spéciaux, inutiles dans une lutte avec toute autre nation maritime. La côte prussienne, en effet, possède une défense naturelle, que des navires calant peu d'eau peuvent seuls franchir ; les bancs de sable qui remplissent les rivières, au fond desquelles sont creusés les ports, lui forment une ceinture plus solide que les redoutes bastionnées les plus formidables. M. Rigault de Genouilly n'ignorait pas cette situation ; aussi, au conseil des ministres, avait-il dit, assure-t-on, qu'il n'était pas prêt.

Cependant l'amiral avait reconnu la côte ; son rapport et celui de la commission nommée par lui à ce sujet avaient été envoyés : leur conclusion enlevait à nos marins une partie de leurs espérances. Deux ports seulement pouvaient être attaqués : Colberg et Dantzig, et chaque dépêche rappelait le commandant en chef au respect des villes ouvertes. Pour ce qui est de Kiel, l'attaque en était impossible ; l'approche même présentait des difficultés presque insurmontables. Ce port se trouve à l'extrémité d'un chenal dont les deux rives sont protégées par des fortifications contre lesquelles, à cause de leur hauteur, notre tir eût été peu efficace, et, les feux de l'enceinte une fois éteints, des troupes de débarquement devenaient indispensables pour occuper les positions que nous aurions laissées derrière nous. Des estacades, d'ailleurs, barraient complètement le chenal : un navire y avait été coulé, et, outre les torpilles, on avait disposé dans la passe d'énormes filets qui, s'engageant dans les ailes des hélices de nos frégates, auraient entièrement paralysé l'effet des machines.

Sur ces entrefaites, l'amiral reçut une dépêche qui signalait la sortie des navires prussiens de la Jaddhe. Il n'y avait pas à hésiter. L'escadre se porta en toute vitesse à l'entrée du Grand-Belt, pour offrir le combat au prince Adalbert. C'était encore une illusion. Loin de pouvoir accepter le défi, l'ennemi était étroitement bloqué par l'amiral Fourichon, arrivé le 12 août dans la mer du Nord. L'amiral Bouët-Willaumez descendit vers le sud pour faire respecter le blocus qui venait d'être proclamé.

Le *Rochambeau* était impatiemment attendu ; il arriva enfin dans la Baltique : c'était un magnifique monitor, et le seul navire qui eût pu lutter avantageusement avec le

Prince-Guillaume. Sa bonne tenue à la mer, sa vitesse remarquable, sa puissante artillerie en faisaient la machine de guerre la plus forte que nous eussions. Il avait été acheté en Amérique par le baron Gauldrée-Boileau au moment où le conseil général de Prusse allait l'acquérir pour son gouvernement. Les officiers et les marins lui reconnurent des qualités supérieures.

Dès que le *Rochambeau* eut pris rang dans l'escadre, l'amiral, prévoyant que bientôt les glaces et le temps, qui devenait déjà de jour en jour plus mauvais, le forceraient à s'éloigner, se hâta de faire une expédition contre Colberg. Mais, pendant la nuit du mouillage devant Arkond, le vent souffla avec une telle violence que l'escadre fut contrainte d'appareiller sur-le-champ, et de se réfugier dans la baie de Kiage ; la *Thétis* avait rompu ses chaînes. Le même jour, une dépêche apprenait que l'amiral Fourichon venait de rentrer à Cherbourg, rendant libre ainsi la mer du Nord. Il fallut renoncer à l'expédition de Colberg et aller, à l'entrée du Grand-Belt, défendre le passage que le prince Adalbert essaierait sans doute de franchir.

On sait peu de chose de ce qui a rapport à l'escadre de l'amiral Fourichon. Ce que personne n'ignore, c'est qu'elle eut constamment à lutter contre une mer démontée et contre les vents, qui, au fond de cet entonnoir inhospitalier, suivant l'expression de M. H***, s'engouffrent et font rage. Il suffit de jeter les yeux sur une carte pour juger de la position de l'escadre ; une seule avarie dans la machine aurait entraîné la perte d'un bâtiment, corps et biens.

Un incident se produisit quelques jours après le blocus, qui mérite d'être raconté. L'escadre était revenue devant la Jaddhe ; tout à coup on signala un aviso prussien, portant pavillon de contre-amiral et pavillon parlementaire. Sur la demande qu'il fit de communiquer, on le pria de stopper, et deux officiers de la *Magnanime* se rendirent à son bord. Ils furent reçus par le commandant de la Jaddhe, chargé de remettre à l'amiral Fourichon un pli du général Falkenstein : le prince de Nesse vint se joindre à eux, bien qu'il prétendît ne pas entendre le français. M. Arago apprit au prince que le baron Roussin, commandant de la *Magnanime*, avait les pleins pouvoirs du commandant en chef. Le prince persista à vouloir monter à bord de la frégate ; les officiers français s'y opposèrent fermement, et il fut obligé de remettre à M. Arago cette lettre étrange qui invitait le commandant français, sous peine de représailles, à ne pas courir sus aux bâtiments de commerce. L'impertinence de cette communication irrita le baron Roussin, et il répondit fièrement : « Il ne nous appartient pas de rien changer à la situation ; le blocus et la saisie des bâtiments de commerce sont autorisés par les traités de 1856, dont la Prusse est signataire. » La réponse de l'amiral Fourichon, à qui le pli avait été transmis, donnait l'ordre à l'aviso prussien de se retirer immédiatement.

Les bâtiments de commerce furent poursuivis avec une ardeur nouvelle, et aucun n'échappa à la croisière.

La mission de l'amiral Bouët-Willaumez dans la Baltique était terminée. Quelques dépêches arrivèrent encore, entre autres celle qui annonçait la venue de M. Thiers sur le *Solférino*. « Toute l'escadre, disait le télégramme, escortera l'illustre diplomate dans les eaux russes. » Mais il fut suivi par un autre, qui enjoignait, au contraire, au commandant en chef de regagner Cherbourg.

Avant de faire route pour la France, l'amiral descendit la côte de Sleswig, et, pour la dernière fois, alla offrir le combat à l'escadre ennemie. Il se tint toute la journée devant la Jaddhe, envoyant successivement ses frégates à l'entrée de la rivière et provoquant les Prussiens de la façon la plus formelle. Ceux-ci ne bougèrent pas : une fois de plus, ils n'avaient pas osé relever le gant. L'amiral, impuissant contre un adversaire décidé à ne pas se battre, mit le cap sur Cherbourg.

La Baltique avait été abandonnée aux glaces : seule, la mer du Nord restait notre champ de manœuvre. Mais les gros temps étaient arrivés, et les ravitaillements, qu'il avait été jusque-là si difficile de faire en pleine mer, devinrent impossibles. Il fallait deux escadres, pouvant l'une après l'autre prendre des vivres à Dunkerque, pour rendre la troisième efficace. C'est dans ce sens que le ministre de la marine donna de nouveaux ordres. L'amiral Bouët et l'amiral Gueydon, qui avait remplacé M. Fourichon dans la mer du Nord, se partagèrent ce soin.

Bientôt le temps devint affreux sur rade comme au large; les coups de vent succédaient aux coups de vent, la mer était parfois monstrueuse. Les équipages étaient écrasés de fatigue. Les lames déferlaient sur le pont, et les hommes, qui, pendant de longues nuits, n'avaient aucun abri contre un froid rigoureux, ne trouvaient pas dans les batteries, entièrement inondées, un morceau de toile sèche pour remplacer leurs vêtements mouillés. Les brouillards laissaient rarement pénétrer jusqu'à eux un rayon de soleil; les nuits étaient sans étoiles, et comme l'on ne pouvait que difficilement procéder aux observations astronomiques, on était souvent obligé de naviguer dans ces parages dangereux sans connaître exactement la position que l'on occupait. Malgré cela, l'on n'entendait jamais un murmure, jamais une plainte, et les exercices se faisaient comme le premier jour, avec la même régularité. C'étaient surtout les souffrances morales qui attristaient nos marins. Un sentiment amer de regret remplissait leurs cœurs quand ils pensaient que, prêts pour le combat et espérant vaincre, ils avaient vu l'ennemi battre en retraite. Et puis, n'avaient-ils pas le droit d'envier le sort de leurs camarades, qui, à la tête des armées, en colonnes d'attaque ou derrière les bataillons de ligne, se couvraient journellement de gloire et méritaient les éloges de la patrie ?

Les vents, la mer et le ciel, qui semblaient s'être conjurés contre eux, ne purent les contraindre à abandonner la lutte, et, jusqu'à la fin, les frégates continuèrent leur double service. La *Surveillante* seule, autrefois le navire amiral, entra au bassin de Cherbourg. Après quarante-huit heures passées en perdition, ce bâtiment, privé de son gouvernail, revint en France à la remorque de la *Revanche*.

D'autres divisions navales ne prenaient pas une part moins active à la guerre en dehors de l'Europe. Le contre-amiral Dupré avait sous son commandement, dans les mers de la Chine, la frégate la *Vénus*, et les deux avisos le *Duplin* et le *Linois*. Il offrit le combat à l'escadre ennemie : les Prussiens, au lieu de répondre au défi, s'éloignèrent et allèrent se réfugier à Yo-Kohama, d'où ils ne sortirent pas.

Le 8 novembre, l'aviso français, le *Bouvet*, commandé par M. Franquet, capitaine de frégate, et la canonnière prussienne, le *Monitor*, navire plus fort que le *Bouvet* comme échantillon et comme artillerie, étaient mouillés sur la rade de la Havane. Ce jour-là, le paquebot français appareilla pour retourner en France. Le *Monitor*, violant le droit des neutres — les conventions internationales exigent qu'une puissance neutre ne permette la sortie de ses ports d'un belligérant que vingt-quatre heures après le départ du navire de l'autre puissance ennemie, — lui donna aussitôt la chasse. Le *Bouvet*, voyant qu'il avait peu de chance d'échapper à cette poursuite, rentra à la Havane, et M. Franquet fit demander au capitaine-général espagnol des explications au sujet d'un pareil fait, qui était une insulte pour le pavillon espagnol aussi bien que pour le nôtre. Le capitaine-général envoya son aide-de-camp auprès du commandant du *Monitor*, qui répondit que son but avait été de provoquer le *Bouvet*.

Cette nouvelle, apportée à bord du navire français, fut accueillie avec bonheur, car la décision du commandant Franquet n'était pas douteuse : il acceptait le cartel et priait le commandant du *Monitor* de se trouver le lendemain, à neuf heures, en dehors des eaux espagnoles.

Le lendemain, les deux champions étaient en présence. Après quelques coups de canon tirés à grande distance, sans effet de part et d'autre, la lutte s'engagea véritablement. Le commandant français attaqua. Il avait reconnu le point faible de l'ennemi, et, la machine donnant toute sa vitesse, l'avant du *Bouvet*, comme un terrible bélier, alla frapper en plein bois le bâtiment prussien. Une partie de la mâture du *Monitor* tomba, abattue par le choc, et le navire s'inclina fortement sur l'un de ses bords. Le commandant Franquet, se retirant rapidement, se disposait à achever, par une seconde attaque, la perte de l'ennemi, quand un boulet, coupant le tuyau d'évacuation, vint paralyser la machine, qui enveloppa l'aviso d'un immense nuage de fumée. Alors se produisit un spectacle d'un effet étrange : la fumée se dissipa et l'on vit le *Bouvet*, toutes voiles dehors, se diriger vers le mouillage qu'il avait quitté le matin. L'équipage avait accompli un prodige de manœuvre. Pendant ce temps-là, des remorqueurs conduisaient dans le bassin la canonnière prussienne, coulant bas d'eau. L'ennemi avait eu 8 hommes tués et 11 blessés ; nous n'avions que quelques blessés.

M. Franquet fit proposer un nouveau cartel au commandant du *Monitor* pour le jour où ses avaries seraient réparées ; l'officier prussien ne l'accepta pas.

La marine française, on le voit, accomplit noblement son devoir, sur mer comme sur terre, pendant la guerre avec la Prusse. Le blocus infligea au commerce allemand un dommage qu'on n'évaluait pas à moins de cinq millions par jour ; des prises nombreuses furent faites par nos navires dans la mer du Nord, et, en dehors de l'Europe, par les bâtiments de nos stations navales ; partout enfin les couleurs nationales furent portées haut devant l'ennemi, qui ne put que fuir devant nos escadres.

CHAPITRE XIV

Armistice de trois semaines : conditions. — Occupation des forts par l'ennemi. — Démission de M. Gambetta. — Retraite de l'armée de l'Est. — Ravitaillement de Paris. — Elections pour l'Assemblée nationale. — Cette Assemblée se réunit le 12 février à Bordeaux. — M. Thiers nommé Chef du pouvoir exécutif. — Négociations à Versailles. — Entrée des troupes allemandes à Paris. — Ratification des préliminaires du traité de paix à Bordeaux. — Les troupes allemandes quittent Paris. — Conditions de la paix. — Le prince Charles à Rouen et à Amiens. — Modifications apportées aux préliminaires de paix.

Les trois armées de province, contraintes de se retirer devant des forces écrasantes, n'étaient plus en mesure d'aller au secours de Paris. Le général Faidherbe était remonté dans le Nord, le général Chanzy avait son quartier-général en arrière du Mans, et l'échec subi par le général Bourbaki le mettait dans l'impossibilité d'exécuter le plan sur lequel se fondait l'espoir de la capitale. Aussitôt que le gouvernement de la Défense connut cette situation, il prit le parti de négocier. Un armistice de trois semaines fut signé à Versailles, le 28 janvier, par M. Jules Favre et le comte de Bismarck. Le gouvernement en donna le résumé dans une proclamation.

Dès le lendemain, tous les forts furent occupés par l'ennemi. La ligne de démarcation qui séparait les armées belligérantes partait de Pont-Lévêque, traversait le département de l'Orne, et, laissant à l'occupation allemande la Sarthe, l'Indre-et-Loir, le Loir-et-Cher, le Loiret, l'Yonne, coupait en deux la Côte-d'Or, le Doubs et le Jura. Le Nord, le Pas-de-Calais et le Havre restaient intacts. Les opérations dans la Côte-d'Or et le siége de Belfort devaient continuer jusqu'à entente ultérieure.

La France avait succombé, mais elle avait le droit de dire que l'honneur était sauf. La résistance de Paris, prolongée pendant plus de quatre mois, et plusieurs semaines après que la ville ne pouvait plus attendre aucun secours du dehors, plaçait haut ses défenseurs dans l'estime des peuples : ils avaient acquis des titres à la reconnaissance nationale. Arrêtant devant leurs remparts les forces réunies de l'Allemagne, ils s'étaient montrés courageux et patients au milieu des passions de toutes sortes : aussi ce siége, si énergiquement soutenu, malgré des difficultés innombrables, malgré des dissensions intestines et les ravages causés par les canons prussiens, restera-t-il à jamais mémorable dans les fastes militaires de notre pays.

La nouvelle de cet événement, qui terminait d'une façon si émouvante la seconde phase de la guerre, fut accueillie dans les départements avec une profonde tristesse, et, pendant plusieurs jours, beaucoup refusèrent d'y croire. La convention fut, à Paris, l'objet de vives critiques, et ces critiques provoquèrent, de la part des membres du conseil de la Défense, une note que publia la feuille officielle.

Dès que la convention fut signée, le gouvernement central de Paris s'empressa de télégraphier à la délégation de Bordeaux que les pouvoirs qui lui étaient conférés étaient désormais nuls, et que son action ne serait légale [qu'à la condition d'une entente mutuelle avec le gouvernement de Paris. M. Jules Simon partit immédiatement pour se mettre en rapport avec M. Gambetta et ses collègues. Mais M. Gambetta avait, dès le 31 janvier, adressé à la France une proclamation où il proposait de profiter de l'armistice pour pousser avec plus d'activité que jamais l'organisation de la défense. L'accord ne put s'établir entre M. Jules Simon et lui, et il donna sa démission. Le général Le Flô alla bientôt relever de ses fonctions son successeur intérimaire, M. Emmanuel Arago.

Nous avons dit que les opérations dans l'Est et le siége de Belfort n'étaient nullement suspendus par l'armistice. Les Allemands reprirent Dijon, et, le 1er février, ils attaquèrent, au sud de Pontarlier, l'armée française, qui fut obligée de gagner le territoire suisse. Un seul corps, le 24e, réussit à s'échapper vers le sud. Le général Clinchant, en effectuant cette retraite, sauva un matériel précieux qui devait nous être restitué à la paix. Nos soldats, dans leur marche à travers les montagnes et les défilés qu'ils eurent à franchir, éprouvèrent de cruelles souffrances et des privations terribles, mais ils firent bonne contenance et parvinrent à atteindre sans encombre leurs cantonnements. Ils étaient 80,000.

A peine le chemin de fer du Nord était-il réparé sur tous les points où la voie avait été coupée, que la population de Londres s'empressa d'envoyer à Paris un premier convoi de vivres. Ce fraternel cadeau était accompagné de deux délégués du comité de secours, chargés de veiller à ce qu'il fût distribué aux vingt arrondissements dans la proportion du nombre des habitants. Ils devaient insister pour qu'on ne songeât pas seulement aux nécessiteux, mais aussi à cette population intermédiaire qui n'était pas inscrite aux cantines et avait tant souffert sans se plaindre, depuis cinq mois. Ce premier arrivage se composait de lait concentré, fromage, lard, bouillon-Liebig, biscuit de farine blanche, soupe de conserves, etc. La souscription publique ouverte chez nos voisins avait déjà produit une somme importante, et elle s'accroissait de plus en plus. Quelques jours après, l'ambulance de la Presse reçut des dames charitables de la même ville huit caisses remplies de linge, charpie, médicaments, vêtements et conserves alimentaires. Le docteur Ricord voulut qu'on partageât entre les diverses ambulances. De son côté, lord Grandville télégraphiait au représentant de Sa Majesté britannique à Versailles que le gouvernement anglais mettait à la disposition du gouvernement français des vivres, du matériel, et même des ouvriers pour réparer les voies de communication. Six navires allaient apporter au Havre 1,800 tonnes de farine, biscuits, conserves, etc. C'était là une preuve non équivoque de la sympathie que la défense et les souffrances de la capitale avaient excitée au delà du détroit.

L'Amérique ne restait pas non plus en arrière. On s'occupait activement à New-York et à Boston d'embarquer rapidement pour la France de grandes quantités de farine et de biscuits, et toutes sortes de provisions. Deux grands navires, avec cargaison complète, étaient sur le point de mettre à la voile pour le Havre et pour Bordeaux; d'autres devaient bientôt suivre. Ces envois étaient distincts de ceux dont la Chambre de commerce de New-York avait pris l'initiative.

Il fut procédé, le 8 février, aux élections pour l'Assemblée nationale. Les députés furent immédiatement convoqués à Bordeaux. Une séance préparatoire eut lieu le 12, et sur la proposition de M. Benoist d'Azy, qui, comme doyen d'âge, prit place au fauteuil de la présidence, il fut décidé que, dès le lendemain, on s'occuperait de la formation des bureaux, et que l'on commencerait aussitôt la vérification des pouvoirs.

Le 13, les bureaux furent constitués. M. Jules Favre déposa entre les mains du président les pouvoirs du gouvernement avec la démission des ministres, et déclara que son intention était de demander un délai court, mais suffisant, pour que les députés pussent décider en toute maturité des destinées du pays. L'armistice fut, en effet, prolongé du 19 au 24, avec faculté de renouveler la prorogation, si les circonstances l'exigeaient.

La Chambre élut pour président définitif M. Grévy, et nomma M. Thiers chef du pouvoir exécutif, en attendant qu'il fût statué sur les institutions de la France. L'Angleterre, l'Autriche, l'Italie, l'Espagne s'empressèrent de reconnaître le gouvernement que le pays se donnait. Leur exemple fut suivi par la plupart des autres États. Une commission de quinze membres fut nommée, chargée de suivre les négociations, de donner son avis et d'éclairer l'Assemblée. Elle partit le 19, en même temps que MM. Thiers, Jules Favre et Ernest Picard, pour traiter avec M. de Bismarck. Avant de quitter Bordeaux, M. Thiers avait fait connaître la composition du cabinet qu'on lui avait confié le soin de former, et dont il se réservait la direction. Les nouveaux ministres étaient MM. Dufaure, Jules Favre, Ernest Picard, Jules Simon, de Larcy, Lambrecht, le général Le Flô, l'amiral Pothuau. Le ministère des finances était destiné à M. Buffet, mais il ne l'accepta pas, et ce fut M. Pouyer-Quertier qui l'obtint.

Le président du Conseil passa la journée du 21 en conférence avec M. de Bismarck. A la suite de cette entrevue, l'armistice fut de nouveau prolongé jusqu'au 26, à minuit. Dans le courant de ce dernier jour, une proclamation du ministre de l'intérieur apprit aux habitants de la capitale que certains quartiers allaient être occupés par l'ennemi.

L'entrée des troupes allemandes, au nombre de 30,000 hommes, eut lieu le 1er mars, à 10 heures du matin. Elles descendirent l'avenue des Champs-Elysées, et occupèrent l'espace compris entre la Seine et la rue du faubourg Saint-Honoré jusqu'à la place de la Concorde. Les officiers et les soldats s'installèrent au palais de l'Industrie, au Cirque et dans la rotonde du Panorama; des maisons furent assignées à ceux qui ne purent y trouver place. La population se montra digne de son passé et de sa résistance héroïque : son attitude fière et sombre, les statues voilées, les drapeaux enveloppés d'un crêpe, les magasins et les cafés fermés, l'isolement de l'ennemi au milieu de la ville des plaisirs, métamorphosée en une nécropole triste et déserte, imprimèrent un caractère lugubre à cette fête militaire, que la vanité des Teutons avait payée du prix d'une de nos plus importantes forteresses. Les occupants, laissés à eux-mêmes, purent comprendre que si le droit succombe parfois devant la force, il n'est pas si facile de dompter les âmes, et que la fortune de la guerre ne domine pas seule le monde.

Le 3 mars, à 11 heures du matin — après la ratification par l'Assemblée nationale des préliminaires de paix — les Allemands se retirèrent des Champs-Elysées et rentrèrent dans leurs campements. Ce séjour avait été pour eux le contraire d'une partie de plaisir. Etroitement parqués dans un quartier entouré de nos troupes, gardés à vue par une foule hostile, condamnés à caracoler et à se pavaner dans une solitude presque complète, ils avaient figuré à Paris plutôt comme des prisonniers que comme des vainqueurs.

Les préliminaires du traité ayant été signés, le 16, à une heure et demie, M. Thiers partit dans l'après-midi pour Bordeaux. Le 1er mars, l'Assemblée nationale ratifia, par 546 voix contre 107, ces préliminaires, et le chef du pouvoir exécutif envoya aussitôt au ministre des affaires étrangères l'ordre d'échanger les ratifications. Nous perdions l'Alsace, moins Belfort, et, dans la Lorraine, Metz et les deux arrondissements de Sarrebourg et de Château-Salins. L'indemnité exigée était de cinq milliards, payables en trois ans. Après le versement des deux premiers milliards, l'ennemi n'occuperait plus que six départements, avec la forteresse de Belfort et son territoire; le nombre des troupes allemandes ne dépasserait pas 50,000 hommes. Des négociations pour le traité définitif devaient s'ouvrir très-prochainement à Bruxelles.

La séance du 1er mars, à l'Assemblée, avait été très-orageuse; M. Conti étant monté à la tribune pour protester en faveur de Napoléon III, les députés avaient voté la déchéance de l'Empereur et de sa dynastie.

Le 7 mars, l'empereur d'Allemagne partit de Versailles: il devait se rendre à Rouen le 11, mais il changea d'idée, et le prince Charles, entra seul dans cette ville, où il passa la revue des troupes. Partout dans les rues, il ne vit que des signes de deuil: les magasins étaient fermés, les fenêtres pavoisées de drapeaux noirs;

la statue de Jeanne d'Arc et celle de Pierre Corneille avaient été voilées d'un crêpe. Le prince se transporta ensuite à Amiens, et y passa également la revue des troupes. Il y fut reçu de la même façon qu'à Rouen. Guillaume et son fils se rejoignirent à Nancy, d'où ils gagnèrent Metz. Ils prirent, le 15, le chemin de fer de l'Allemagne, et arrivèrent, le 17, à Berlin, accompagnés de M. de Moltke et des autres généraux et officiers du grand quartier-général. Quelques jours après, le comte de Bismarck fut créé prince, et M. de Moltke grand'croix de l'ordre de la Croix de fer.

L'Empereur Napoléon quittait en ce moment le château de Wilhelmshohe, se dirigeant vers l'Angleterre.

Certaines modifications furent apportées aux préliminaires de paix, qui furent accueillies par les populations avec une satisfaction très-vive. En vertu d'une convention, conclue le 2 mars, l'administration départementale, ainsi que la police, étaient remises à l'autorité française; la magistrature rentrait en fonctions dans toutes les provinces encore occupées. Le gouvernement français se chargeait de verser les impôts arriérés établis par l'ennemi et d'entretenir les troupes d'occupation : il ne pouvait plus être fait de réquisitions ni être imposé de contributions de guerre par les armées allemandes. Enfin, le service des postes et des télégraphes, à quelques exceptions près, et l'exploitation des chemins de fer nous étaient rendus.

Des troupes saxonnes, bavaroises et wurtemburgeoises devaient participer à l'occupation du territoire. Le prince Frédéric-Charles avait le commandement en chef, et l'on pensait que son quartier-général serait à Reims. Le prince royal de Saxe, placé sous ses ordres, avait choisi pour sa résidence le château de Compiègne; il s'y installa le 16, avec sa jeune femme, née princesse de Wasa. Au mois de juillet, le prince Frédéric-Charles fut remplacé dans le commandement en chef par le général de Manteuffel.

CHAPITRE XV

Insurrection dans Paris ; le général Vinoy se replie avec son armée sur Versailles. — Elections municipales à Paris; proclamation de la Commune. — Les insurgés repoussés à Courbevoie. — Nouveaux combats les jours suivants. — Signature de la paix à Francfort. — Entrée des Versaillais. — Vote d'un emprunt. — Le territoire doit être prochainement évacué, moins la Champagne et la partie de la Lorraine française.

L'Assemblée nationale avait décidé, le 10, qu'elle se transporterait à Versailles, et elle avait fixé au 20 sa première séance dans cette ville. Le 17, le gouvernement adressa à la population de Paris une proclamation où il annonçait qu'il était résolu à réintégrer dans les parcs de l'Etat un certain nombre de canons détenus, depuis l'armistice, par la garde nationale de Belleville et de Montmartre, et dont quelques-uns étaient en batterie sur la butte Chaumont. La nuit suivante, des troupes cernèrent ces deux quartiers, et, dans la matinée, des artilleurs commençaient à emmener les pièces quand les gardes nationaux les arrêtèrent. Un régiment de ligne, pactisant avec les rebelles, rendit impossible l'exécution des ordres reçus. Les généraux Lecomte et Clément Thomas furent lâchement fusillés dans un jardin de la rue des Rosiers. Le soir, le comité révolutionnaire de Montmartre siégeait à l'Hôtel de ville. Le général Vinoy se replia en bon ordre sur Versailles, avec les 40,000 hommes qu'il commandait, afin de protéger l'Assemblée et le gouvernement, qui avait, tout entier, quitté Paris. Dès le lendemain, des armes et de l'artillerie lui arrivaient de la province en même temps que de la mobile et de nouveaux régiments. D'autres troupes allaient être concentrées au Mans, d'où elles seraient vite appelées, si les circonstances le demandaient. Les Allemands, à la nouvelle de l'émeute, se rapprochèrent de la capitale et rentrèrent dans diverses localités qu'ils avaient évacuées. Leur mouvement de retraite fut arrêté complétement.

Les événements n'empêchèrent pas l'Assemblée de tenir sa séance du 20. Elle nomma une commission chargée de s'entendre avec le chef du pouvoir exécutif sur les mesures à prendre, et, les jours suivants, elle décida que des bataillons de volontaires seraient créés dans les départements pour agir, avec l'armée de Versailles, contre l'insurrection. Les choses prenaient à Paris une tournure inquiétante. Le 22, une manifestation des hommes d'ordre avait abouti à un dénoûment sanglant; l'émeute occupait des positions formidables, et il devenait urgent d'en arrêter les progrès. L'Assemblée, dans le but d'éviter l'effusion du sang, accorda ce que demandaient les maires de Paris et les députés de la Seine; c'est-à-dire, la reconnaissance complète aux habitants de leurs franchises, l'élection de tous les officiers de la garde nationale y compris le général en chef, des modifications à la loi qui venait d'être votée sur les échéances, un projet de loi sur les loyers. Elle fixa l'élection des conseils municipaux dans toute la France au mois d'avril ; mais le comité révolutionnaire, avec l'assentiment des maires, des adjoints et des députés de la Seine, y fit procéder dans Paris le 26 mars. Tout cela n'annonçait guère que le rétablissement de l'ordre fût prochain. En attendant, il fallait payer, par jour, pour l'entretien des troupes étrangères, 1,500,000 francs, et les Allemands resserraient de plus en plus leurs lignes autour de la capitale. A Versailles, les troupes et les volontaires arrivaient continuellement.

Le 28 mars, la Commune fut proclamée à l'Hôtel de ville, en présence des bataillons de la garde nationale fédérée. Le même jour, les plénipotentiaires qui devaient signer le traité de paix se réunirent pour la première fois à Bruxelles.

Il était temps que le gouvernement agît. Le 2 avril, les troupes de Versailles eurent, à Courbevoie, un engagement très-vif avec quatre bataillons des rebelles, et elles enlevèrent avec un élan remarquable toutes les positions tenues par les insurgés. La caserne fut prise par les marins, et la grande barricade par le 113e. La barricade qui fermait le pont de Neuilly fut également enlevée, et les insurgés s'enfuirent précipitamment, laissant un certain nombre de blessés, de morts et de prisonniers. L'exaspération des soldats était extrême ; elle se manifesta surtout contre les déserteurs qui furent reconnus. A quatre heures, les troupes rentrèrent dans leurs cantonnements avec le général Vinoy, sous les ordres de qui elles étaient placées, et qui n'avait pas quitté une minute le commandement.

Le lendemain, les insurgés sortirent de Paris et marchèrent sur Versailles, en plusieurs colonnes, avec de l'artillerie ; ils furent mis en déroute sur tous les points et subirent des pertes sérieuses. L'armée était pleine d'enthousiasme : elle s'était comportée admirablement, et témoignait le désir d'en finir avec les hommes dont la conduite, maintenant dévoilée, révoltait tous les honnêtes gens. Les factieux s'étaient portés en masse, les uns sur Nanterre, Reuil et Bougival, d'autres sur Bezons, Chatou et Croissy, d'autres enfin sur Meudon et le Petit-Bicêtre. Le canon du Mont-Valérien avait foudroyé, dès le matin, leur droite, et ils avaient laissé, en fuyant, le terrain couvert de leurs morts et de leurs blessés. Le général Vinoy et l'amiral Pothuau assistaient à la bataille.

Le 4, les rebelles éprouvèrent un nouvel échec ; les troupes enlevèrent avec beaucoup d'entrain la redoute de Châtillon qu'ils occupaient. Plus de 2,000 prisonniers furent conduits à Versailles, et de là emmenés en Bretagne. L'un des agitateurs les plus ardents, Gustave Flourens, était au nombre des morts. La consternation de la Commune et de ses adhérents était manifeste, et l'on croyait pouvoir espérer une prochaine solution.

Le 5, les Versaillais achevèrent de canonner le plateau de Châtillon ; le gouvernement, soigneux d'épargner le sang de l'armée, ne voulut pas ordonner l'attaque des forts de Vanves et d'Issy : l'un et l'autre devaient tomber, avec la capitale, quand le moment serait venu.

Le 6, on se battit de nouveau avec vigueur entre Neuilly et Courbevoie. Le 7, la division Montaudon, habilement secondée par les troupes du génie, enleva le pont de Neuilly, que défendait un ouvrage considérable. Le général Montaudon fut blessé dans cette affaire.

Le maréchal de Mac-Mahon venait de recevoir le commandement en chef de l'armée, et il allait bientôt prendre la direction des opérations. La lutte, jusqu'à ce moment, continua sans amener encore de résultats décisifs ; les insurgés, toutefois, perdaient du terrain. Menacée d'une attaque sérieuse, la Commune faisait des préparatifs formidables ; d'un autre côté, le général de Ladmirault prenait position vers le Mont-Valérien, et le général de Cissey sur les hauteurs de Châtillon : tout indiquait qu'on approchait du dénoûment.

Les journées des 12, 13 et 14 ne furent signalées par aucun événement important : une sortie de l'ennemi, du côté de Châtillon, fut vigoureusement repoussée par les troupes, et tandis que les insurgés consommaient en vain leurs munitions, une nombreuse cavalerie, se portant vers Juvisy et Choisy-le-Roi, les privait de leurs communications avec Orléans, de façon qu'il ne leur en restait aucune avec la province. Le 17, le château de Bécon fut emporté, à la suite d'une vive canonnade, par le colonel Davoust, de la division Montaudon. Le 18, le régiment de gendarmes, sous les ordres du colonel Gremelin, se rendit maître du village de Colombes et repoussa au loin les insurgés. Dans la matinée du 19, Asnières fut également enlevé par les troupes, sous la conduite du général Montaudon ; l'ennemi ne pouvait plus incommoder leur établissement à Courbevoie. On avançait définitivement vers le terme de cette criminelle résistance ; les défenseurs de la Commune devaient comprendre qu'on sacrifiait inutilement leur sang à une cause impie et perdue.

Plusieurs jours se passèrent en travaux du génie et en concentration de troupes. Les corps formés à Cherbourg, Cambrai et Auxerre, avec les prisonniers revenus d'Allemagne, arrivèrent à Versailles et s'y firent remarquer par leur tenue à la fois sévère et ferme. Ils étaient placés sous le commandement des généraux Douay et Clinchant. De petits combats livrés autour de Bagneux par les insurgés ne purent empêcher le génie d'achever ses travaux : les opérations actives allaient commencer. Le 25, en effet, trois grandes lignes de batteries ouvrirent le feu sur les forts d'Issy et de Vanves. Le lendemain, le premier était à peu près réduit au silence, et, dans la nuit, le brave général Faron, à la tête de 100 marins et de 300 hommes du 110e, enleva la position des Moulineaux ; les troupes n'étaient plus qu'à 800 mètres du fort. Les travaux d'approche continuèrent les 27, 28 et 29. Le 30, à onze heures du matin, les fédérés enclouèrent leurs pièces, et la plus grande partie de la garnison rentra à Paris par la porte de Vaugirard. Le fort, accablé par le feu des batteries, avait arboré le drapeau parlementaire et était sur le point de se rendre, lorsqu'un envoyé de la Commune, arrivant tout à coup, empêcha les défenseurs de déposer les armes. La lutte recommença aussitôt. Dans la nuit du 1er au 2 mai, le général La Mariouze emporta le château d'Issy, tandis que le 22e des chasseurs enlevait à la baïonnette la gare de Clamart ; le fort était, par suite, investi et isolé de Paris. Pendant ce temps-là, la Commune arrêtait ses généraux pour les mettre à mort, et instituait un comité de salut public.

La nuit suivante, la division Lacretelle exécuta une opération des plus hardies vers le Moulin-Saquet : se portant avec vigueur sur cette position, elle la prit, fit 300 prisonniers et emmena 8 pièces de canon. Le reste de la troupe des fédérés s'enfuit, laissant 150 morts ou blessés sur le champ de bataille. Dans la nuit du 5 au 6, un autre coup de main fut accompli avec un égal succès : les troupes s'emparèrent du chemin de fer et du passage voûté qui le traverse ; le redan où s'abritait la garnison de Vanves tomba également en leur pouvoir, avec une grande quantité d'armes, de munitions et de vivres, et le drapeau du 119ᵉ bataillon insurgé.

Le moment décisif approchait. Il avait fallu organiser 60 batteries volantes et à peu près autant de batteries de position; cette artillerie puissante, y compris la redoute de Montretout, n'avait pu être réunie et installée en peu de temps. Maintenant les artilleurs étaient à leur poste, et, au premier signal, les forts du sud et les remparts allaient être exposés à un bombardement terrible. Les précautions, du reste, étaient prises pour que les projectiles ne fussent dirigés que sur les positions fortifiées de l'émeute.

On regardait la redoute de Montretout comme l'ouvrage le plus formidable peut-être qu'eût enregistré l'histoire de l'artillerie. Placée au centre des positions, elle était la clef destinée à forcer le rempart. Quatre-vingts pièces, dont les plus petites étaient de 30 et les plus fortes de 48, composaient la batterie; on les avait empruntées aux ports, et elles étaient entretenues avec un soin scrupuleux par les marins destinés à les servir. La batterie avait deux étages; les épaulements, fort épais, n'avaient rien à craindre des obus; des troncs d'arbres défendaient les casemates pratiquées de distance en distance.

Le 9, dans la matinée, le fort d'Issy, après huit jours d'attaque, fut occupé par le 38ᵉ de ligne; on y trouva beaucoup de munitions et d'artillerie. Le fort de Vanves était dans un état qui ne lui permettait pas de prolonger la résistance. Pendant la nuit, le général Douay, après une vigoureuse canonnade de la batterie de Montretout, avait passé la Seine et était allé s'établir en avant de Boulogne. Les soldats qui ouvraient les tranchées n'étaient plus, à dix heures du matin, qu'à 300 mètres de l'enceinte.

Sur ces entrefaites, les négociations n'ayant pu aboutir

à Bruxelles, MM. Jules Favre et Pouyer-Quertier étaient partis pour Francfort, où se rendit, de son côté, M. de Bismarck, et, le 10 mai, la paix y fut définitivement conclue. Les termes de paiements étaient avancés. Les forts de Paris, ainsi que les départements de l'Oise, de Seine-et-Oise et de Seine-et-Marne, ne seraient évacués que quand le gouvernement allemand jugerait le rétablissement de l'ordre, tant en France que dans la capitale, suffisant pour assurer l'exécution des engagements contractés par nos plénipotentiaires, au plus tard cependant à la fin de décembre, époque où devrait être opéré le versement du troisième demi-milliard. Relativement à la question de commerce, la Prusse était assimilée à la nation la plus favorisée de l'Europe, et, pour ce qui concernait la question de délimitation des frontières, M. de Bismarck consentait à étendre le rayon de Belfort à 4 ou 5 kilomètres. C'était, pour ainsi dire, le couteau sur la gorge que MM. Jules Favre et Pouyer-Quertier avaient dû donner leur signature, placés qu'ils étaient entre une acceptation pure et simple et une intervention de la Prusse à Paris. L'ensemble du traité fut adopté, le 18, à Versailles, par 440 voix contre 98; les ratifications en furent échangées, le 20, à Francfort.

Pendant que les troupes ouvraient la tranchée dans le bois de Boulogne, le corps du général de Cissey se distinguait, du côté d'Issy, par un fait d'armes. Le 12, à midi, des fusiliers marins, soutenus par une compagnie de chasseurs à pied et des partisans du 13e de ligne, s'emparèrent des maisons au point où la route stratégique rencontre la route de Châtillon à Montrouge, et coupèrent ainsi toute communication entre les forts de Vanves et de Montrouge. Quelques heures plus tard, le commandant Pontécoulant, avec un bataillon du 46ᵉ de ligne, enleva à la baïonnette le couvent des Oiseaux, à Issy. A la suite de cette affaire, les insurgés abandonnèrent tous les points qu'ils tenaient encore en dehors de l'enceinte, et, la nuit suivante, l'occupation du lycée de Vanves amena les soldats à quelques centaines de mètres des murs. Le 14, les troupes entrèrent dans le fort de Vanves, évacué par les fédérés, qui laissèrent entre leurs mains 50 canons et 8 mortiers. Le 18, deux bataillons enlevèrent encore à la baïonnette la Grange-Ory et la maison Plichon, près du fort Montrouge; mais les chefs jugèrent prudent d'évacuer les positions conquises, trop exposées au feu de l'ennemi.

La Commune avait décrété que la colonne Vendôme serait abattue, de même que la maison de M. Thiers et la chapelle expiatoire élevée à la mémoire de Louis XVI. La colonne fut renversée le 16 mai; la maison du chef du pouvoir exécutif était déjà à peu près rasée, et l'on commençait à attaquer le monument expiatoire.

L'entrée des troupes du gouvernement était prévue pour le 20 ou le 21. Dans la soirée du 21, la porte de Saint-Cloud tomba sous le feu de leurs canons, et le général Douay la franchit à la tête de sa division. Les corps des généraux Ladmirault et Clinchant se mirent aussitôt en marche pour le suivre. Le 22, au point du jour, l'armée occupait les portes de Saint-Cloud, de Passy et d'Auteuil, ainsi que le Trocadéro. Les fourneaux des mines que les fédérés avaient voulu établir dans les catacombes, n'avaient pu être qu'insuffisamment installés, à cause du manque de poudre; les gardes nationaux, d'ailleurs, refusaient de travailler à une œuvre de destruction qui pouvait causer la mort de leurs femmes et de leurs enfants. La plupart des chefs de la révolte, comme cela arrive d'habitude en pareille circonstance, avaient déjà pris la fuite. Vers midi, les troupes étaient aux Champs-Elysées, au Trocadéro, au Champs-de-Mars, et l'on bombardait Montmartre. Le lendemain matin, les premières colonnes atteignirent le boulevard Saint-Michel.

L'insurrection perdit beaucoup de terrain dans la journée du 23. A midi, le drapeau tricolore flottait sur la butte Montmartre et sur la gare du Nord ; ces positions avaient été enlevées par les généraux Clinchant et Ladmirault. A deux heures, le général de Cissey était établi de la gare Montparnasse à l'Ecole militaire, et achevait de border la rive gauche de la Seine jusqu'aux Tuileries. Les généraux Douay et Vinoy enveloppaient les Tuileries, le Louvre, la place Vendôme. Le général Clinchant, maître de la gare Saint-Lazare et des Batignolles, venait d'emporter la barricade de Clichy ; il était aussi au pied de Montmartre, que le général Ladmirault avait tourné avec deux divisions. Le général Montaudon avait pris Neuilly, Levallois-Perret et attaquait Saint-Cloud. On s'y était emparé de 105 bouches à feu et d'une foule de prisonniers.

Le 25 au matin, le gouvernement était maître de presque tout Paris ; mais les Tuileries, une partie du Ministère des finances et la Cour des comptes avaient été incendiées par les bandits sanguinaires dont la tyrannie pesait depuis deux mois sur la capitale. De nombreuses compagnies de pompiers étaient accourues des départements voisins, et la Banque avait pu être préservée, ainsi que la Bibliothèque nationale. Les insurgés ne tenaient plus que dans quelques quartiers où ils étaient cernés. Ils avaient perdu beaucoup des leurs, et on leur avait fait 12,000 prisonniers. L'armée avait été admirable.

La journée du 26 fut plus terrible encore que celle de

la veille. Le Ministère des finances n'existait plus, et la Bibliothèque du Louvre était anéantie. Il fallait ajouter à la liste des bâtiments détruits le Grenier d'abondance, le Palais de Justice, la Préfecture de police, l'Hôtel de ville, la Caserne du quai d'Orsay, la Chancellerie de la Légion d'honneur, la Caisse des dépôts et consignations, une partie des Gobelins, le Palais-Royal jusqu'à la galerie d'Orléans, la prison de Mazas, l'église Saint-Eustache, la gare de Lyon, la gare de l'Est, etc. L'espace immense qui s'étend du Point-du-Jour à Vincennes, et de Montmartre à Bicêtre, était couvert de murailles abattues, d'hommes tués ou de mourants, non par centaines, mais par milliers. Dans tous les monuments consumés, il y avait eu des dépôts de pétrole et de mèches; presque partout le feu avait été mis par des femmes. A neuf heures du soir, l'armée n'avait plus à prendre que Belleville.

Le 27, à 7 heures 45 minutes du soir, M. Thiers adressa aux préfets la dépêche suivante :

« Nos troupes n'ont pas cessé de suivre l'insurrection pied à pied, lui enlevant chaque jour les positions les plus importantes de la capitale, et lui faisant des prisonniers, qui s'élèvent jusqu'à 25,000, sans compter un nombre considérable de morts et de blessés.

» Dans cette marche, sagement calculée, nos généraux et leur illustre chef ont voulu ménager nos braves soldats, qui n'auraient demandé qu'à enlever au pas de course les obstacles qui leur étaient opposés.

» Tandis qu'au dehors de l'enceinte, notre principal officier de cavalerie, le général du Barail, prenait avec des troupes à cheval les forts de Montrouge, de Bicêtre et d'Ivry, et qu'au dedans le corps de Cissey exécutait les belles opérations qui nous ont procuré toute la rive gauche, le général Vinoy, suivant le cours de la Seine, s'est porté vers la place de la Bastille, hérissée de retranchements formidables, a enlevé cette position avec la division Vergé, puis, avec les divisions Bruat et Faron, s'est emparé du faubourg Saint-Antoine jusqu'à la place du Trône.

» Il ne faut pas oublier dans cette opération le concours efficace et brillant que notre flottille a donné aux troupes du général Vinoy.

» Ces troupes ont, aujourd'hui même, enlevé une forte barricade au coin de l'avenue Philippe-Auguste et de la rue de Montreuil.

» Elles ont ainsi pris position à l'est et au pied des hauteurs de Belleville, dernier asile de cette insurrection, qui, en fuyant, tire dans sa défaite la monstrueuse vengeance de l'incendie.

» En tournant vers l'Est, le corps Douay a suivi la ligne des boulevards, appuyant sa droite à la place de la Bastille et sa gauche au cirque Napoléon.

» Le corps de Clinchant, venant se rallier à l'ouest au corps de Ladmirault, a eu à vaincre aux Magasins-réunis une violente résistance, qu'il a vaillamment surmontée. Enfin, le corps du général Ladmirault, après avoir enlevé avec vigueur les gares du Nord et de l'Est, s'est porté à la Villette et a pris position au pied des Buttes-Chaumont. Ainsi, les deux tiers de l'armée, après avoir conquis toute la rive droite, sont venus se ranger au pied des hauteurs de Belleville, qu'ils doivent attaquer demain matin.

» Pendant ces six jours de combats continus, nos soldats se sont montrés aussi énergiques qu'infatigables, et ont opéré de véritables prodiges, bien autrement méritoires de la part de ceux qui attaquent des barricades que de ceux qui les défendent.

» Leurs chefs se sont montrés dignes de commander à de tels hommes et ont pleinement justifié le vote que l'Assemblée leur a décrété. Après les quelques heures de repos qu'ils prennent en ce moment, ils termineront demain matin, sur les hauteurs de Belleville, la glorieuse campagne qu'ils ont entreprise contre les démagogues les plus odieux et les plus scélérats que le monde ait vus, et leurs patriotiques efforts méritent l'éternelle reconnaissance de la France et de l'humanité.

» Du reste, ce n'est pas sans avoir fait des pertes douloureuses que notre armée a rendu au pays de si mémorables services. Le nombre de nos morts et de nos blessés n'est pas grand, mais les coups sont sensibles.

» Ainsi, nous avons à regretter le général Leroy, l'un des officiers les plus braves et les plus distingués de nos armées. Le commandant Segoyer, du 26⁰ bataillon de chasseurs à pied, s'étant trop avancé, a été pris par des scélérats qui défendaient la bastille, et, sans respect des lois de la guerre, a été immédiatement fusillé.

» Ce fait, du reste, concorde avec la conduite de gens qui incendient nos villes et nos monuments, et qui avaient réuni des liqueurs vénéneuses pour empoisonner nos soldats presque instantanément. »

Le 28, l'insurrection était à peu près vaincue. Les fédérés avaient été rejetés, pendant la nuit, à l'extrémité de l'enceinte, entre l'armée française et les Prussiens, qui leur avaient refusé le passage. « En entrant à la Roquette, télégraphiait encore aux préfets le chef du pouvoir exécutif, nous avons eu la consolation de sauver 269 otages qui allaient être fusillés. Mais, hélas ! les scélérats auxquels nous sommes obligés d'arracher Paris incendié et ensanglanté avaient eu le temps d'en fusiller 64, parmi lesquels nous avons la douleur d'annoncer que se trouvaient l'archevêque de Paris, l'abbé Deguerry, le meilleur des hommes, le président Bonjean, et quantité d'hommes de bien et de mérite. » Vers cinq heures de l'après-midi, le cimetière du Père-Lachaise, la dernière position qu'occupaient les rebelles, était emporté par les troupes ; quelques heures après, la reddition du fort de Vincennes rendait complète la pacification de la capitale.

Il fut aussitôt procédé au désarmement des habitants, et un décret abolit la garde nationale à Paris et dans le département de la Seine. Les prisonniers les plus notoirement compromis étaient sur-le-champ passés par les armes ; les autres étaient emmenés à Versailles, d'où on les expédiait, pour la plupart, sur Cherbourg, Brest, Lorient, Toulon, et dans les îles voisines, en attendant qu'ils fussent jugés. Le maréchal de Mac-Mahon partagea la ville en quatre grands commandements militaires, confiés à des généraux de division, et, grâce aux mesures prises, la sécurité fut bientôt assurée. Dès le 3 juin, les communications avec les provinces étaient presque aussi faciles que dans les temps ordinaires.

A peine l'ordre fut-il revenu dans Paris, que les troupes allemandes reprirent leur mouvement de retraite.

L'Assemblée nationale vota, le 20 juin, un emprunt de deux milliards ; la souscription s'éleva, en moins de dix heures, à plus de sept milliards. Le gouvernement s'empressa d'opérer le versement exigé pour l'évacuation de l'Eure, de la Seine-Inférieure et de la Somme, et ces trois départements furent bientôt débarrassés des troupes allemandes. L'Oise, la Seine-et-Oise, la Seine-et-Marne et les forts de Paris du Nord et de l'Est n'en furent délivrés que vers la fin de septembre.

Telle fut l'issue de cette lutte gigantesque durant laquelle la France eut à supporter de si grands et si cruels sacrifices. Le roi de Prusse, au commencement de la guerre, déclarait formellement qu'il marchait, non contre la nation, mais contre l'Empereur. On a vu que tout autres étaient ses projets. Son but était de ruiner notre pays; voilà pourquoi il s'avançait, avec plus d'un million d'hommes et 800 pièces de canon, contre une armée qui comptait à peine 300,000 soldats, car, quand éclatèrent les hostilités, nos réserves n'étaient pas réunies, et la garde mobile, excepté à Paris et dans l'Est, n'existait que sur le papier. C'était tout un peuple franchissant la frontière, appuyé des divers États allemands.

La France fut écrasée sous le poids de masses puissantes, mais elle n'avait pas moins accompli de grandes choses et fourni de nouvelles preuves de son énergie et des ressources qu'elle possède. Privée d'une partie de ses généraux, elle sut organiser la défense et déployer, sous le commandement de chefs tels que Trochu, d'Aurelle de Paladines, Chanzy, Bourbaki, Faidherbe, une activité et une vaillance auxquelles le monde entier rendit hommage. La marine seconda noblement les efforts de nos jeunes armées, et à Paris, comme sur la Loire et dans le Nord, ses officiers et ses artilleurs se couvrirent de gloire.

Guillaume Ier a tenu à garder l'Alsace et une partie de la Lorraine; mais ces provinces demeurent françaises par le cœur et aussi par le souvenir du mal qu'on leur a fait. On ne lira pas sans intérêt, à ce sujet, les éloquentes paroles par lesquelles le R. P. Monsabré, chargé de prêcher le carême à Metz, adressait au mois d'avril 1871, ses adieux à son auditoire ; je ne saurais mieux terminer ce livre qu'en les reproduisant :

« Les peuples aussi ressuscitent quand ils ont été baignés dans la grâce du Christ ; et quand, malgré leurs vices et leurs crimes, ils n'ont point abjuré la foi, l'épée d'un barbare et la plume d'un ambitieux ne peuvent pas les assassiner pour toujours. On change leur nom, mais non pas leur sang. Quand l'expiation touche à son terme, son sang se réveille et revient, par la pente naturelle, se mêler au courant de la vieille vie nationale. Vous n'êtes pas morts pour moi, mes frères, mes compatriotes !... Non, vous n'êtes pas morts ! Partout où j'irai, je vous le jure, je parlerai de vos patriotiques douleurs, de vos patriotiques aspirations, de vos patriotiques colères ; partout je vous appellerai des Français, jusqu'au jour béni où je reviendrai dans cette cathédrale prêcher le sermon de la délivrance et chanter avec vous un *Te Deum* comme ces voûtes n'en ont jamais entendu ! »

FIN

TABLE

CHAPITRE I. — Envahissement de la Prusse. — Déclaration de guerre. — Préparatifs militaires. — L'Impératrice à Cherbourg. — Départ de l'Empereur et du Prince impérial pour Metz. — Proclamation de l'Empereur à l'armée. 7

CHAPITRE II. — Préliminaires de la guerre. — Escarmouches. — Destruction du pont de Kehl par les Badois. — Organisation des ambulances. — Prise de Sarrebrück. — Bataille de Wissembourg. 21

CHAPITRE III. — Batailles de Reichshoffen et de Forbach. — Mesures prises pour assurer la défense. — Concentration de l'armée en avant de Metz. — Strasbourg investi. — Nancy occupé par l'ennemi. 36

CHAPITRE IV. — Combat de Borny. — Bataille de Gravelotte. — Bataille de Saint-Privat. 53

CHAPITRE V. — Préparatifs de défense à Paris. — Levée du camp de Châlons. — Combats de Noisseville. — Servigny — Sainte-Barbe. — Combat de Carignan. — Bataille de Sedan. — Captivité de l'Empereur. — Capitulation de Sedan. 73

CHAPITRE VI. — Les siéges : — Strasbourg, — Toul, — Phalsbourg, — Bitche, — Verdun, — Montmédy, — Thionville, — Laon, — Soissons, — Neufbrisach, — Schlestadt, — Belfort, — Mézières, — La Fère, — Longvy. 95

CHAPITRE VII. — La république proclamée à Paris. — Départ de l'Impératrice. — Approche des armées allemandes. — Combat de Châtillon. — Plan de l'ennemi. — Refus de la Prusse d'accorder un armistice à des conditions équitables. — Ballons. — Combat de Villejuif. — Attaque des villages de l'Hay, de Chevilly et de Thiais. — Emeute du 8 octobre. — M. Gambetta en ballon. — Sortie de la garde nationale. — L'artilleur Christman. — Combats de Rueil et du Bourget. 115

CHAPITRE VIII. — Les préparatifs de défense se poursuivent à Paris et dans les provinces. — Emeute du 31 octobre. — La France ne peut compter que sur elle. — Plan des généraux ennemis. — Prise d'Orléans et de Saint-Quentin. — Prise et incendie de Châteaudun. — Engagements sous Metz. — Aventure du général Bourbaki. — Croyance à la fin de la guerre. — On parle d'un armistice. — Capitulation de Metz. 131

CHAPITRE IX. — Situation de Paris. — Reprise d'Orléans. — Le général Bourbaki appelé au commandement du 18ᵉ corps, à Nevers. — Sortie de l'armée de Paris. — Bataille de Loigny. — Le général d'Aurelle relevé de ses fonctions. — Les deux armées de la Loire. 147

CHAPITRE X. — Combats près d'Amiens et à Etrépagny. — Prise d'Amiens et de Rouen. — Manteuffel remonte de la Normandie vers le Nord. — Lettre du général de Moltke au général Trochu. — Combats du général Chanzy sur la rive droite de la Loire. — Bataille du Mans. — Nouvelles sorties des généraux Trochu et Ducrot. — Garibaldi dans les Vosges. 161

CHAPITRE XI. — Bataille de Pont-Noyelles. — Bataille de Bapaume. — Combats près de Rouen. — L'armée de Bourbaki. — Prise du Mont-Avron. — Camp retranché sous le Mont-Valérien. — Bombardement de divers forts. — Bourbaki dans l'Est; batailles près de Vesoul. — Bataille de Saint-Quentin. — Sorties de l'armée de Paris

— Le général Vinoy nommé général en chef à la place du général Trochu. — Nouvelle émeute. 171

CHAPITRE XII. — L'invasion de l'Oise. 183

CHAPITRE XIII. — Le rôle de la flotte pendant la guerre. 201

CHAPITRE XIV. — Armistice de trois semaines : conditions. — Occupation des forts par l'ennemi. — Démission de M. Gambetta. — Retraite de l'armée de l'Est. — Ravitaillement de Paris. — Elections pour l'Assemblée nationale. — Cette Assemblée se réunit le 12 février à Bordeaux. — M. Thiers nommé Chef du pouvoir exécutif. — Négociations à Versailles. — Entrée des troupes allemandes à Paris. — Ratification des préliminaires du traité de paix à Bordeaux. — Les troupes allemandes quittent Paris. — Conditions de la paix. — Le prince Charles à Rouen et à Amiens. — Modifications apportées aux préliminaires de paix. 212

CHAPITRE XV. — Insurrection dans Paris ; le général Vinoy se replie avec son armée sur Versailles. — Elections municipales à Paris ; proclamation de la Commune. — Les insurgés repoussés à Courbevoie. — Nouveaux combats les jours suivants. — Signature de la paix à Francfort. — Entrée des Versaillais. — Vote d'un emprunt. — Le territoire doit être prochainement évacué, moins la Champagne et la partie de la Lorraine française. 221

— LILLE. TYP J. LEFORT. M DCCC LXXIV —

A LA MÊME LIBRAIRIE :

En envoyant le prix en un mandat sur la poste ou en timbres-poste, on recevra *franco* à domicile.

La Guerre entre la France et la Prusse; par L. Le Saint. in-8°.	1 50
Souvenirs des Ambulances; par A. S. de Doncourt in-8°.	1 50
Les Morts héroïques pendant la guerre de 1870-1871 et pendant la Commune; par C. Daulnoy.	1 50
Épisodes et Souvenirs de la guerre de Prusse; par Maxime de Montrond. in-8°.	1 25
Ma sortie de Mazas; par Joseph de Margal. in-12.	» 60
Souvenirs d'un otage de la Commune; par X***.	» 50
Les Fastes militaires de la France; par A. S. de Doncourt. grand in-8°.	4 »
La Guerre de cent ans entre la France et l'Angleterre; par A. de la Porte. in-8°.	1 50
La Guerre du Mexique, 1861-1867; par L. Le Saint. in-8°.	1 50
Le Siége de Sébastopol, 1854-1855; par J. Aymard. in-12.	» 75
Souvenirs de l'armée d'Orient, beaux traits, anecdotes; par le même. in-12.	» 75
Les Sœurs de Charité en Orient; par le même. in-12.	» 75
Épisodes de Crimée, ou les hôpitaux de Koulali, de Scutary; trad. de l'anglais par M. Chon. in-12.	» 75

— LILLE. TYP. J. LEFORT. —

www.ingramcontent.com/pod-product-compliance
Lightning Source LLC
Chambersburg PA
CBHW060127170426
43198CB00010B/1059